# RÜDENMÄSSIG LEBEN

Mit besonderen Dank an

**Christoph Rinnert**

für sein Engagement und Durchhaltevermögen

Lothar Berg

# Lothar Berg

# RÜDENMÄSSIG LEBEN

Gedichte – Gedanken – Gedöns

Dieses Buch wurde ermöglicht durch: Christoph Rinnert

Titelbild
Rottweilerportrait mit freundlicher Genehmigung
Andreas Böttcher
Rottweiler: FAUSTINO

Foto: Großstadt bei Nacht
Markus Marquardt

Idee / Gestaltung
Thorsten Wiemer / Lothar Berg
www.lotharberg.de

Satz und Layout: Graphiti

**Bibliografische Information der Deutschen Nationalbibliothek**
Die Deutsche Nationalbibliothek verzeichnet diese Publikation in der
Deutschen Nationalbibliothek; detaillierte bibliografische Daten sind
im Internet über http//dnb.d-nb.de abrufbar.

Herstellung und Verlag:
Books on Demand GmbH, Norderstedt
ISBN 978-3-8391-7020-5

© Lothar Berg

# Inhalt

Diese Gedanken sind keine Weisheiten,
um anderen Menschen Ratschläge erteilen zu wollen

Nur Denkanstoß und Provokation

Ich stehe zu dem was ich hier schreibe,
aber ich nehme mir ebenso das Recht
heraus meine Meinung zu ändern

Lothar Berg

# September 2004 – Untersuchungshaft

Ich liege auf dem Bett und starre dem Qualm der Selbstgedrehten nach, der senkrecht nach oben steigt und sich irgendwo im schmutzigen Grau der Deckenfarbe verliert.

Es dauert länger als erwartet. Der Haftprüfungstermin ist den Bach runter gegangen. Wegen des blöden Quarzhandschuhs. Ist gar nicht meiner... werden sie schon mitkriegen ... aber wann? Der Anwalt ist ein Vollpfosten ... Draußen auf dem Gang klappern sie mit dem Essenwagen ...

Es war ein langer Weg bis hierher, bis in diese Zelle. Gezeichnet von Auf und Ab, Sieg und Niederlage, Freude und Wut, Liebe und Hass. Wie bin ich hier her gekommen? Ich weiß es selbst nicht. Vielleicht aus Romantik, Langeweile und Abenteuerlust. Ich war schon von klein an so.

Als Bengel wollte ich Cowboy oder Indianer sein.

Das Pferd von dem Bauern, das ich mir von der Weide auslieh, schmiss mich ab und obendrein gab es zu Hause noch den Arsch voll. Das Huhn, dem ich die Federn für meinen Kopfschmuck ausrissen habe, sorgte für eine Tracht Prügel von meinem Opa ... und ... nachdem mich mal mein Vater vom Dach geholt hatte, weil ich mit dem Sonnenschirm abspringen wollte, sperrte er mich für drei Tage in den Keller.

So endeten meine frühen Ambitionen, etwas Außergewöhnliches zu vollbringen, immer in einem Dilemma. Revolution schrie mein kleines Herz. Aber mach mal was, wenn du gerade acht oder neun Jahre alt bist. Warum auch immer ... ich begann mit 13 oder 14 zu saufen.

Vielleicht ein stummer Protest, vielleicht auch nur um auf mich aufmerksam zu machen. Vielleicht, weil ich schwach war. Ich weiß es nicht. – In meiner Ausbildung zum Industriekaufmann haute ich einen Vorgesetzten weg, zu Recht, wie ich noch heute glaube, denn ich kam ihm nur zuvor, als er mir eine langen wollte, was mich allerdings die Lehre kostete.

# Wo alles begann

An der Ecke, unten, am Ende der Straße
Lernte ich zu lieben und das was ich hasse
Die Liebe im Auto, die Sprache der Faust
Ich hab's genossen, es hat mir nie gegraust

Ein Mann ein Wort und gesagt ist gesagt
Niemals gekniffen und immer alles gewagt
Schulter an Schulter, durch Sturm und Wind
Bei uns ist vorne, auch wenn wir hinten sind

Am Ende von deinem Leben
wird's eine Abrechnung geben
Schau in dein Konto hinein
Es muss in der Waage sein

Der Preis ist hoch, du kennst das Verfahren
Geld hast du keins, du zahlst in Jahren
Doch, ob sie dich lieben oder hassen
Einmal müssen sie dich doch entlassen

Zurück im Leben, seit vielen Jahren
Bin ich noch mal hierher gefahren
Schau zurück, versteckt aus der Gasse
Auf die Ecke, am Ende der Straße

Am Ende von deinem Leben
wird's eine Abrechnung geben
Schau in dein Konto hinein
Es muss in der Waage sein

\*

Als Rocker war mir klar, dass ich spätestens mit 18 oder 19 auf dem Hobel in den Tod rasen würde. Daraus wurde nichts, stattdessen sammelte ich eine Anklage nach der anderen und fuhr in den Bau ein.

Nach dem ersten Knastaufenthalt stand fest, dass ich als Gangster, so mit 28 oder 30, draufgehe. Hat auch nicht geklappt, also bin ich eigentlich ein Scheißtyp, der nichts wirklich zu Ende gebracht hat.

Aber ich habe diese Jahre genossen, egal was passiert ist.

Wir haben gehungert und wir haben im Überfluss gelebt. Wir haben gefroren und wir haben in der Sonne am Pool gelegen. Egal was uns Verrücktes durch den Kopf gegangen ist, wir haben es gemacht. Wir haben unsere Grenzen ausgetestet und mussten unsere Grenzen kennen lernen. Wer kann das schon von sich behaupten?

Da könnte man mir vorhalten, dass das auf Knochen anderer gegangen ist. Scheiß drauf, dass tut es sowieso immer im Leben. Soviel geht auch auf meine Knochen.

Wir haben in Sekt gebadet, aus Hunderter Papierflieger gebaut und sie vom Hochhaus segeln lassen, die Bräute haben uns den … na ihr wisst schon … geleckt.

Vormittags in Barcelona gefrühstückt und abends in Berlin auf der Kantstraße Pizza gefressen.

Nachts in Hinterzimmern gezockt und am Tag auf der Havel Motorboot gefahren. Wo die Kohle herkam?

Von den Frauen, die uns geliebt haben, aus Geschäften und Unternehmungen. Wir waren Geschäftsleute mit gleichen Interessen zwischen Schöneberg und Charlottenburg. Die Kohle kam von den Typen, die sich nicht selbst trauten, das vom Leben zu nehmen, was sie sich wünschten.

Von denen, die ihre Ehefrauen mit Geschäftsreisen anlogen und die Damen in den Bars bezahlten, bei denen sie sich über ihr so langweiliges Leben ausheulten und denen sie noch 150 extra zusteckten, nur dass die ihnen vorlogen, was sie doch für stramme Stecher sind.

Die Penunse ließen die Männer auf den Tischen der Zocker liegen, obwohl sie genau wussten, dass sie betrogen worden waren, aber aus Angst bedankten sie sich obendrauf für das gute Spiel.

Es gab reichliche Möglichkeiten, um an das Geld von anderen zu kommen, man musste nur die Augen offen halten. Das Geld lag auf der Straße … manchmal sogar wörtlich.

Freitags 50.000 auf Tasche haben und am Montag so pleite sein, eine Zigarette schnorren müssen.

Ein Leben auf der Klinge! Bereuen? Nein. Denn das würde ein Gewissen voraussetzen! Gesetzloser, Verbrecher, Krimineller. Pah! Was heißt das schon?

Das sind immer nur die, die sie am Arsch kriegen.

Und wir waren Glaubensbrüder, denn wir glaubten nicht erwischt zu werden.

Heee, der eine kauft sich auf Pump ein Auto, ein anderer überzieht sein Konto, um in Urlaub zu fahren und ein dritter zahlt den Schmuck seiner Freundin in Raten ab, damit sie ihm nicht abhaut.

Wir haben nichts anderes gemacht. Nur, dass wir das Leben auf Kredit gelebt haben. Komprimiert … exzessiv auf Vorschuss. Jeden Tag Vollgas und immer am Anschlag.

Wenn es bei anderen schief geht, dann reichen sie Insolvenz ein und scheißen drauf, wie ihre Gläubiger damit klarkommen, fragen ihre Eltern nach Hilfe oder zocken beim Amt die Stütze ab.

Wenn es bei uns danebengeht, bezahlen wir in Jahren oder mit dem Leben. Aber das, was wir gelebt haben, das bleibt für immer in uns.

Wenn ich hier raus bin – wieder so leben? … Nein

Die Zeiten vergessen wollen? … Ganz bestimmt nicht!

*

# Räuberleiter

Auf acht Meter reiß ich ab die Jahre
Fress meine Impe, werf die Fahne
Mach Bambule, das wird bitter
Kack aufm Bello, Kiek durchs Gitter

Ne neue Partie, ich muss poussieren
Auf dem Talon, will dich abkassieren
Mach schon, musst den Freier nicht lieben
Wirste schon lernen, Falle zu schieben

Leben auf der Räuberleiter
Immer vorwärts, heiter weiter

Karten aufm Tisch, lass die Hühner rollen
Patienten bringen Kohle, gib was sie wollen
Waffen, Weiber und Koks frei Haus
Lass rüberwachsen, tu die Knete raus

Das Leben ist bunt und kein Jammertal
Lasst fliegen die Kuh, zum letzten Mal
Lasst knacken ist Tango, wie ich es mag
Legt schwarze Rosen auf meinen Sarg

Leben auf der Räuberleiter
Und danach, immer weiter … immer weiter …

\*

# Januar 2005 – Strafhaft

Die großen metallenen Schlüssel klirren hart aneinander, die Schritte auf dem braunen Linoleum sind im ganzen A-Flügel zu hören ... mir schlägt das Bündel gegen das Knie, ich wechsele die Haltung und ziehe es über meine Schulter.

„Abteilung acht, ein Durchschluss für die 304!"

Am Gitter taucht ein Maschores auf, öffnet die Zwischentür vom Zentralring zur Abteilung.

Kein Wort, nur ein Blick. Wir haben noch jede Menge Zeit uns kennen zu lernen. Am Ende des Ganges fegt der Kalfaktor den Boden, sieht hoch, nickt.

Ich kenne ihn, Bertie, der war draußen schon Kalfaktor.

Tür auf, alles wie gehabt. Waschbecken, Bett, Stuhl, Tisch, Schrank. Der Vorhang vorm Scheißhaus fehlt.

Schlüsselklirren, die Tür wird zugeworfen, der Riegel klackt, das Schloss wird hart geschlossen.

Ich schmeiße das Bündel auf das leere Bett, Geschirr und Besteck klirren, setze mich auf die Pofe und beginne mir eine Zigarette zu drehen.

„Ihr könnt mich am Arsch lecken, ich bin schneller wieder draußen als ihr denkt".

*

# Februar 2005

*Hallo Schatz,*

*14 Tage ist es jetzt her, dass sie mich von Moabit nach Tegel gebracht haben.*

*Mir geht so viel durch den Kopf, dass ich Dir schreiben möchte. Aber ich habe ja die nächsten Jahre dafür Zeit.*

*Da sind so viele neue Gedanken. Der Knast hat sich verändert gegenüber dem letzten Mal.*

*Gott sei Dank tauchen ab und zu immer mal wieder ein paar bekannte Gesichter in der Freistunde auf.*

*Aber trotzdem, irgendetwas ist fremd geworden.*

*Oder ich muss mich nur wieder eingewöhnen. Keine Panik, das wird schon.*

*Gestern habe ich vom Fenster aus Jochen und Fredi bei Ihrer Freistunde auf dem Hof gesehen. Mann, was sind das für verrückte Jungs gewesen. Ich erinnere mich noch …*

*

## Faule Geschäfte

Zwei ganz clevere Typen sind mal am UHU, einer Kneipe in Berlin-Charlottenburg, vorgefahren.

Das waren zwei Fernfahrer, die fragten ob wir einen Abnehmer für eine Einbauküche hätten.

Jochen hat ihnen gleich zwei Halbe und zwei Schnäpse spendiert, während Fredi ein paar Nummern abtelefonierte.

Zum Schluss sagten sie den Fernfahrern ab, weil es keine Interessenten für die Küche gab.

Die beiden machten ein bisken auf dicke Hose, klopften ein paar kluge Sprüche und schoben ab.

Ne halbe Stunde später waren sie wieder da.

Ihnen waren wohl die aufgeschnittene Plane und die leere Ladefläche aufgefallen.

Aber wie bescheuert muss man sein, dann noch mal zu der Kneipe zu fahren und die Küche zurück zu verlangen?

Außer auffn Kopp hat es nischt für sie gegeben

# März 2005

*Meine Kleene,*

*es gibt von hier aus nicht soviel zu erzählen und auf alles kann ich Dir keine Antwort geben. Ich weiß auch gar nicht, ob ich Dir über alles berichten soll, was hier so passiert. Da würdest Du Dir nur unnötig Sorgen machen.*

*Die alten Jungs die hier sind, sind alle ein bisken stiller geworden und die neuen benehmen sich wie die Vandalen. Jeder denkt er ist ein König und markiert sein Revier. Keine Achtung, keinen Respekt, keine Loyalität. Da muss man schon früh ein Zeichen setzen, sonst hast Du sie wie Läuse im Pelz.*

*Die Methoden sind rabiater und die Bullen genauso hilflos wie früher auch. Die sind froh, wenn sie heile in den Feierabend kommen.*

*Ich halte mich hier noch zurück, beobachte erst einmal wie die Dinge hier verteilt sind.*

\*

## Der Koloss

Udo war ein Gigant, ein Koloss von einem Mann.

120 kg auf 198 cm. Nicht zu fett. Alles an ihm war groß. Seine Gliedmaße, sein Zorn und sein Egoismus.

Mit seinen 48 Jahren hatte er bereits 25 Jahre Strafhaft hinter sich gebracht.

Jetzt, in diesem Vollzug, fühlte er sich wohl. Alles war ein bisschen freier. Es ist eben nur Gefängnis, sagte er sich.

Wenn Udo sich zu den anderen Knastbrüdern setzte, um mit ihnen Karten zu spielen, gingen rasch einige weg.

Die Letzten am Tisch allerdings, mussten mit ihm spielen. Udo konnte nicht verlieren. So spielte man, solange wie er wollte, zahlte und ging.

Udo ging in x-beliebige Zellen und nahm sich was er brauchte – Tabak, Kaffee, Pornohefte oder ein Aquarium.

Udo fragte nie. Er war eine Macht.

Sogar die Bosse hier im Knast ließen ihn gewähren. Man hatte es auf die klassische Methode mit vier Mann probiert. Trotz Eisenstangen waren alle Vier ins Lazarett gekommen, Udo hatte auch noch laut gelacht – für ihn war das alles eine Mordsgaudi gewesen.

Die Tucken und Schwulen fürchteten seine Besuche in ihren Zellen. Bei Udo gab es nichts zu verdienen. Udo nahm sich den Sex auf seine einfache, grobe Art. Im Anschluss räuberte er noch die Zelle.

Oft war er in Einzelhaft, im Bunker. Die Wachmannschaft traute sich nur mit dem Rollkommando an ihn heran, mit Spritzen oder mit dem C-Schlauch. Bei der normalen Stationsbesetzung hatte er seine Freiheiten.

Da wollte sich kein Beamter auf etwas einlassen.

So auch an diesem Nachmittag, als er seine Fahne warf, zum Zeichen das er duschen wollte.

Der Beamte schloss ihm auf und der Koloss watschelte zum Duschraum, der bereits von einigen Gefangenen benutzt wurde. Udo trat ein, grinste und sagte: „Na Püppis, heute bleibt das Ärschlein heile, heute wird nur geblasen! Du und Du, los kommt her!"

Die Beiden kamen, knieten nieder und begannen ihn zu verwöhnen. Der ganze Knast wusste was los war!

Dass jetzt, wie immer um diese Uhrzeit, die Gruppe aus der Schneiderei ihre Duschzeit hatte. Allen war klar was Udo wollte und niemand sonst wagte sich in den Duschraum.

Der Koloss war bedient und scheuchte seine beiden Sklaven weg, griff zu der Dusche nebenan und nahm von dort das Shampoo. Er schäumte sich kräftig ein und wusch sein Haar. Völlig unvermittelt traf ihn der Stoß.

„Na, na", brummte er, bevor er den Halt verlor, denn jemand hatte sich hinter ihn gekniet. Udo schlug hart auf dem Rücken auf, wurde zornig, wischte sich über die Augen, rieb das Shampoo nur weiter hinein.

Den ersten Schnitt merkte er überhaupt nicht, der ging schräg an der rechten Halsseite hoch. Das Blut spritzte, … aber unter dem heißen Wasser war nichts davon zu merken.

Der zweite Schnitt brachte Udo zum Schreien, der zertrennte die Achillessehne an seiner rechten Ferse.

Der nächste zertrennte die Sehnen in der Kniekehle desselben Beines. Zugleich wurde das Wasser kochend gestellt.

Niemand, außerhalb des Duschraums, hörte sein Schreien. Udo drehte sich herum und drückte sich mit den Armen hoch, sackte wieder ein. Er kroch schließlich hilflos über den Boden, begriff, dass die rosa Flüssigkeit um ihn herum sein Leben war, das dort im Abfluss versickerte. Er wurde schwächer, ein Fußstoß warf ihn erneut auf den Rücken. Er sah in die fünf Gesichter und erkannte in ihnen Ekel, Zorn, Angst, Genugtuung und Panik, aber keinen Funken Erbarmen.

Seine Mörder hielten Glasscherben und schartige Metallstreifen in ihren Händen.

Udo wusste, dass er am Ende seines Weges angelangt war. Er wollte sich dagegen aufbäumen und kämpfen, nur nicht von ein paar Tucken erledigt werden. Er versuchte noch einen von ihnen zu erwischen.

Schlaff fiel sein gewaltiger Arm wenige Zentimeter vor den Männern zu Boden.

Er war bei Bewusstsein, als der Schnitt seinen Hals quer auftrennte. Noch einmal riss er den Kopf hoch, sah, wie sich einer der Männer niederbeugte um ihn vom Arschloch bis zum Sack aufzuschneiden.

Udos Kopf fiel zurück. Kein Laut kam über seine Lippen, kein Zucken ging durch seinen Körper, sein mächtiger Brustkorb hob und senkte sich noch ein- oder zweimal, dann war es vorbei.

Die Fünf umarmten und küssten sich. Auch für sie war es vorbei.

# April 2005

*Meine Kleene, zum Glück haben sie mir jetzt eine Einzelzelle gegeben. Aber es wird nicht besser in meinem Kopf.*

*Nachts liege ich im Bett und starre an die Decke. Auch nach elf Monaten quält es mich immer noch, wenn es dunkel wird.*

*Wo kommt diese ewige Unruhe her, die mich, mein ganzes Leben lang, in die Nacht zieht?*

*Was ist es, das mir auch jetzt noch keine Ruhe lässt. Bin ich ein Vampir? Ich fühle mich wie ein Junkie auf Entzug. Im Dunkeln regt sich der Puls der Straße in mir.*

*Ich schmecke die Luft der Bars und Kneipen. Ich sehne mich nach den Lichtern, dem Lachen, dem Respekt ... nachts bringt mich die Zelle fast um ...*

\*

## Nachtfalke

Nachtfalke fliegst auf breiten Schwingen
Hörst sie lachen, hörst sie singen
Hinter Gardinen und dünnen Wänden
Suchen ihr Glück, mit fiebrigen Händen

Nachtfalke fliegst und streckst die Krallen
Hörst sie lügen, hörst sie lallen
Sie stehlen und leben vom Betrug
Gieren nach Mammon, Zug um Zug

Versuchung ist dein Name
du kennst keine Gnade

Nachtfalke fliegst mit scharfen Blick
Siehst in ihre Seele, Stück für Stück
Sie sind schlecht, egal wo sie sitzen
Ob in der Gosse oder den Spitzen

Nachtfalke fliegst und triffst deine Wahl
Holst deine Beute zum nächtlichen Mahl
Du frisst ihre Seele, du frisst ihr Herz
Du kannst nur leben mit ihrem Schmerz

Versuchung ist dein Name
du kennst keine Gnade

*

# Angst

Angst ist das stärkste Gefühl das ich kenne. Nichts ist tief greifender als die Angst. Ich rede da nicht von existenzieller Angst oder der Angst seine Freundin zu verlieren. Für diese Fälle findet man immer einen Schuldigen oder eine Begründung.

Ich meine die Angst, sein Leben zu verlieren, vor dem finalen Aus zu stehen, wo es überhaupt keinen Sinn macht zu überlegen, wer es ausgelöst hat oder wie es zustande gekommen ist. Ich spreche von dem Moment, wo es keine alternative Lösung zum Überleben mehr gibt, noch nicht einmal zu kämpfen.

In der Obere Wasserstraße am Puff in Hagen (Westfalen), habe ich sie zum ersten Mal verspürt. Da geriet ich in eine Keilerei und war unterlegen. Schon ziemlich lädiert, lag ich gekrümmt im Unrat in der Gosse und versuchte durchzuhalten, mehr nicht.

Aber der Typ war so voller Hass, dass er mir immer wieder gezielt an die Birne trat. Ich fühlte förmlich, dass er mir den Schädel zertreten, mein Gehirn auf dem Asphalt sehen wollte. Und jeder Tritt brachte ihn seinem Ziel näher.

Ich verlor das Bewusstsein und ein paar andere Puffgänger mischten sich dann ein. Nach einer Woche stationären Aufenthaltes war ich wieder auf den Beinen.

Es sind die Momente, in denen du das Gefühl der Angst schon vorher aufsteigen fühlst, obwohl die Situation erst noch auf dich zukommt.

In Momenten, wenn du an einen Ort musst, wo du weißt, was dich erwartet und wie die dort drauf sind. Aber du musst es tun. Du kannst nicht einfach die Stadt wechseln, denn die Geschichte wird dich verfolgen. Du musst da durch.

Diese Angst zerfrisst deine Gedärme und sie ist wie eine Zeitbombe, denn sie legt immer wieder neuen Zündstoff in dich. Sie gibt dir keinen Aufschub, du musst immer weiter nach vorne, musst dich zeigen und musst handeln. Du musst diesen bitteren Geschmack der Angst loswerden, am besten in dem du über einen anderen triumphierst. Angst ist eine Hypothek, die du nie abzahlst, die dir aber eines Tages zur Zahlung vorgelegt wird.

Es sei denn, du gestehst dir ein, dass du vielen Dingen aus dem Weg gehen kannst und deine Nase nicht in jeden Misthaufen stecken musst.

Es sei denn, du erkennst, dass nicht die ganze Welt dich beleidigen und herausfordern will.

Es sei denn, du gibst zu, dass die Angst, vor den Augen der anderen als Pfeife zu gelten, dich überhaupt erst in den Schlamassel hineingezogen hat

Aber um dir das ein zu gestehen, brauchst du eine Menge Mut!

*

# Ziegenfuß und Schwefel

Ich saß damals in Tegel ein, Haus II, Station 8.

Ein Bekannter von mir lebte in China und wir hielten Briefkontakt. Eines Tages bat ich ihn, mir ein Originalteufelsamulett aus China zu senden.

Es dauerte ein paar Wochen und dann war es da. Es war ein kleiner geschlossener Beutel, den man mit einer Schnur um den Hals trug. Gesagt, getan und ich war nun gespannt, was passieren würde.

Leute, das ist keine erfundene Geschichte, kein Fake und ich habe im Knast nicht getrunken und auch keine Drogen genommen.

Nach ein paar Tagen habe ich im wachen Zustand und vollkommen bewusst, an der Decke verschiedene geometrische Figuren gesehen, die abwechselnd an Tiefe gewannen und sich mal übereinander schoben oder mal ihre Größe veränderten. Das war schon sehr spannend.

Nachts war die Decke meiner Zelle auch seltsam erleuchtet. Aber nicht von irgendeiner Lichtquelle, sondern einfach nur so, dass ich die Zeichen dort sehen konnte. Und Leute, ich habe keine Tabletten, Tyralene oder sonst irgendetwas vom Sanikalfaktor bekommen.

Auf jeden Fall ging es soweit, dass in der Decke Löcher erschienen und es mir vorkam, als würde ich durch diese Öffnungen mehrere Räume durchschreiten.

Ich schwöre, ich habe mich über meinem Bett schweben und gleichzeitig den Abdruck meines Körpers in der Matratze eingedrückt gesehen.

So ging das fast drei Monate. Inzwischen konnte ich diesen Zustand nicht nur abends abrufen, sondern auch tagsüber. Ich hatte bisher 6 geometrische Figuren hinter mich gebracht.

Eines Abends öffnete sich die gesamte Decke und irgendetwas verführte mich dazu, dort hinein zu steigen. Ich wusste, wenn ich diesen letzten Schritt mache, dann würde ich den Knast verlassen können. Neu war, dass mich ein Zögern überkam, irgendetwas schien mich zurück zu zerren. Das Ganze dauerte ungefähr 3 Minuten.

Das Loch in der Decke zog und lockte mich, während irgendetwas anderes mich festhielt, mich unbeweglich machte. Auch konnte ich mich zum ersten Mal nicht mehr von der Matratze lösen.

Und dann durchzuckte meinen Kopf ein Gedanke:

„Noch nie hat ein Mensch bei einem Geschäft mit dem Teufel Profit gemacht!"

Und während ich über den Sinn nachdachte, schloss sich das Loch in der Zellendecke. Vom selben Augenblick an hatte ich überhaupt keinen Zugang mehr zu allem und dachte, genau so wie ihr jetzt wahrscheinlich, was für eine Spinnerei. Aber es ist so passiert.

Ich nahm das Amulett ab und habe es in der Toilette hinuntergespült.

Ich habe nie wieder über dem Bett geschwebt und bin nie wieder durch Löcher in der Decke gekrochen.

# Juli 2005

*Kleene, Du brauchst die keine Gedanken zu machen, auch wenn nächste Woche mein Geburtstag ist und ich nulle, ich packe hier keinen Alkohol an. Ich hab es jetzt 18 Monate ohne ausgehalten und es macht mir nichts aus.*

*Gesoffen wird hier drin genauso viel wie draußen. Ist vielleicht ein bisken teurer, aber mit den richtigen Connections kommst Du an alles ran.*

*Mit ist bloß aufgefallen, wie sich die Jungs verändern, wenn sie fett wie ein Schwamm sind.*

*War ich auch so?*

*Mann, das ist ja ekelhaft.*

*Mit kommt die Galle hoch, wenn ich das blödsinnige Gelaber höre, den stinkenden Atem rieche und die Angeberei ertragen muss.*

*Es kotzt mich an, wenn die Typen mir zum zwanzigsten Mal auf die Schulter klopfen und zum fünfundzwanzigsten Mal dieselbe Scheiße erzählen.*

*Inzwischen gehe ich schon gar nicht mehr zum Zusammenschluss.*

*Was ist los mit mir?*

*Vielleicht haben die mir hier irgendetwas ins Essen getan, von dem ich nichts weiß?*

*Warum sonst habe ich plötzlich so seltsame Gedanken?*

*Das sind doch meine Kameraden? Oder sind die nur ein Spiegel?*

\*

# Alkohol

Mein Freund, mein Feind.

Alkohol, genossen in Unmengen, ist auf jeden Fall Scheiße und zwingt jeden in einer ganz besonderen Liga spielen zu müssen.

Alkohol, getrunken in Maßen und zum Genuss, kann ich nicht beurteilen, weil ich 15 Jahre lang der ersten Kategorie angehört habe.

Was habe ich mir anhören müssen, dass Saufen Gehirnzellen abtötet und blöde macht. Da bin ich allerdings froh, dass ich den Suff solange ausgehalten habe, denn sonst wäre ich heute erschreckend unerträglich intelligent.

Die größte Gefahr beim Alkohol ist, dass er Hemmungen abbaut und Seiten an dir freilegt, die du noch nicht einmal ahnst. Bei Typen wie mir ist das besonders extrem, da ich schon nüchtern hemmungslos und mir auch meiner Abgründe durchaus bewusst bin. Da gab der Alkohol noch einmal einen Schub, der sich dann besonders exzentrisch auswirkte. Ich habe gerne und mit Vorsatz gesoffen. Ich habe bewusst gesoffen, um besoffen zu sein.

Alkohol ist der Zusatz im Treibstoff, der aus dem Straßenmodell einen Rennwagen macht. Hört sich toll an … aber als Rennwagen bleibst du auf deiner Strecke und fährst nur im Kreis. Im Straßenverkehr kämst du überall hin, aber mit dem Rennwagen machst du da nur Miese. Zuerst hast du die volle Aufmerksamkeit und hinterher sind alle gegen dich und zum Schluss ist die Karre kaputt.

Vor allem schwimmst du beim Saufen immer nur auf derselben Welle, du kommst da nicht mehr runter.

Bei mir waren es Prügeln, Saufen, Vögeln. Und Leute, ihr glaubt nicht wie öde das sein kann, wenn man nichts anderes tut.

Freund Alkohol will dich nicht teilen, deshalb bearbeitet der Feind Alkohol dein Gehirn und predigt dir, dass du zu allererst dem Alkohol verpflichtet bist und dann erst dir selbst und schon gar keinem anderen.

Die besseren Säufer, die abends ihr Weinchen schlürfen und mal nen Drink zur Entspannung nehmen, sind nicht besser. Das sind die ganz schlimmen Abhängigen, die ihre Trunksucht sogar noch hinter Kultur und Moral verstecken, die sich selbst belügen. Auf die Pharisäer ist echt was geschissen, über die kann ich nur müde lächeln.

Ich habe gesoffen bis zum geht nicht mehr. Schon beim Wachwerden, noch im Bett, einen halben Kasten Bier.

Schnaps aus der Flasche und auch Wermut, Handabfüllung zu 98 Pfennige der Liter, rot und weiß.

Nachts im Suff wachgeworden und nichts mehr gepeilt.

Bekotzt im Korridor gelegen. Alles normal.

Über das Saufen braucht mir keiner was zu erzählen.

Alkohol ist das Gastgeschenk des Teufels und wenn du ihn an deine Tafel bittest, hast du deine Seele bereits verloren.

Mal habe ich mich morgens mit kahlem Schädel und abrasierten Augenbrauen wieder gefunden. Da sah ich aus wie ein Schwein.

Ein anderes Mal habe ich das Wohnzimmer mit der Toilette verwechselt und in den Schrank gepinkelt und auf den Sessel geschissen.

Und einmal haben mich die Kumpels völlig besoffen in einen Zug nach Bremen gesetzt, mir eine gültige Hinfahrkarte in die Brusttasche geschoben.

So wurde ich dann in Bremen wach, ohne einen Pfennig Geld, ohne Zigarette und erst einmal ohne eine Ahnung, wo ich überhaupt war. Drei Tage habe ich zurück nach Hause gebraucht.

Ich bin besoffen in ein Auto gerannt und hab mir ein Bein gebrochen.

Einer Frau habe ich besoffen in die Haare gekotzt und ein anderes Mal in die U-Bahn gereihert.

So sind in 15 Jahren Saufen allerhand kleine Anekdoten zusammen gekommen. Aber sind die es wert erzählt zu werden?

Wollt ihr wirklich wissen, wie es ist, früh morgens in einem

Baugraben wach zu werden, in dem man sich zum Schlafen hingelegt hat, sich mit Zementtüten zugedeckt hat und die Kinder auf dem Weg zur Schule einen mit Müll beworfen haben?

So schick ist das nicht, wenn du auf den 150 Metern von der Kneipe nach Hause drei- oder viermal auf die Fresse fällst und dich an der Hauswand wieder hochziehen musst.

Glaubt ihr man kann stolz darauf sein einen 2 Liter Stiefel auf ex leer zu trinken um ihn sofort im Rückwärtsgang wieder voll zu kotzen?

Und ein besoffener Mann, der sich im strömenden Regen, nackt, auf der Straße wäscht, ist vielleicht ganz lustig, aber besondere Anerkennung findet er damit nicht.

Das Schlimmste an diesen vielen kleinen Vorfällen ist, dass man das für die Normalität hält. Alle anderen, so glaubt man, haben überhaupt keine Ahnung vom Leben und vom Spaß.

Die beste Anekdote vom Saufen ist die, dass du nüchtern begreifst, wie bescheuert diese Dinge sind und dass du dir sofort wieder eine Kanne in den Kopp haust, um sie erneut zu erleben.

Ende der 70er habe ich das halbvolle Glas Bier hingestellt und mittendrin gesagt: „Schluss, ich bin nicht länger dein Knecht!"

Seitdem habe ich keinen Tropfen Alkohol mehr angerührt. Und sieh da, ich entdeckte, dass ich mehr Möglichkeiten hatte als bisher. In mir steckten wesentlich mehr Talente, als mir je bewusst gewesen sind.

Ein wenig verrückt bin ich geblieben, sagen jedenfalls viele Bekannte, aber das mag daran liegen, dass man mir bei der Geburt nicht auf den Hintern gekloppt, sondern gleich an den Schädel gehauen hat, seitdem liegen da wohl einige Platinen übereinander.

Egal. Mein Leben ist weiterhin bunt, abwechslungsreich und spannend geblieben … ich muss nicht saufen.

Ich hab's auch ohne drauf und wenn ich es mir recht überlege, sogar noch mehr als mit.

*

# Penner

Ich sitze hier, seh den Strom der Zeit
Die Menschen rennen, sind allzeit bereit
Finden keine Ruhe, immer nur Hast
Hier unter den Bäumen finde ich Rast

Steh hier am Bahnhof, fühle mich frei
Ich teile die Flasche, komm sei dabei
musst auch was trinken, Zug um Zug
Gib mir nen Taler, du hast doch genug

Der Winter kommt früh, es ist bitter kalt
Habe keine Bleibe, werde nicht alt
Ich lieg in der Kälte, hab keine Sachen
Ich nehm mir die Pappe, muss Platte machen

Sie Sonne steigt höher, wärmt mir meine Knochen
Die Blumen erblühen, das Eis ist gebrochen
Ich pack meinen Ranzen, kehr zum Bahnhof zurück
Im Frühjahr und Sommer, hab ich da mein Glück

Er ist nur ein Berber und lebt vom Betteln
Er ist nur ein Säufer, nicht mehr zu retten
Unter dem Himmel, sind alle gleich
Bleibe wahrhaftig, ob arm oder reich

*

# Eingeschissen

Wir saßen mal bei „FEUERATZE", in der Knobelsdorffstraße, am Tresen.

Da lag ein ganz ekliger Geruch von Scheiße in der Luft.

Jeder von uns sah unter seine Schuhe, ob er draußen vielleicht in einen Haufen Hundekacke gelatscht war.

Nichts … aber der Geruch blieb.

Auf einem der Hocker am Tresen saß ein Unbekannter, schon reichlich breit.

Der Gestank machte uns langsam cholerisch und um sich abzureagieren, stieß Kid den Fremden an: „Eeehh, hast du dich eingeschissen?"

Der Besoffene dreht sich um: „Ja! Wieso?"

\*

# Die Wahrheit

Günter „Günni" Weinbier war mal wieder fett wie ein Schwamm, was ihn jedoch nicht davon abhielt ein Auto zu knacken. Die Fahrt endete vor dem Schloss Charlottenburg. Günni war einfach eingepennt und stand mit der Kalesche mitten auf der Fahrbahn.

Es dauerte nicht lange, bis die Bullen aufkreuzten.

Sie öffneten die Fahrertür und Günni fiel seitlich auf den Asphalt.

Auf die bescheuerte Frage nach Fahrzeugpapieren und Führerschein, lallte Günni, noch auf dem Boden liegend, ebenso blöde: „Ick dachte für een jeklautes Auto brauch ick keenen Führerschein!"

\*

# XXX – Alkohol

Hinter Glas und bunten Etiketten
Legt Satan dich in Ketten
Den Namen auf Erden kennst du wohl
Es ist der Teufel Alkohol

Im Gehirn explodieren schöne Farben
Er will deine Seele haben
Du bist schwach erliegst der Sucht
Er zieht dich in die Schlucht

**Saufen, kübeln, laufen lassen**
**Schnaps und Bier aus vollen Tassen**

Keine Menschen mehr um dir zu raten
du hast sie verraten
Willst nur noch saufen um zu vergessen
Bist von ihm besessen

In der Gosse findest du dich wieder
Mit bebenden Glieder
Dein letzter Freund, der Teufel lacht
Hat er dich kaputt gemacht

**Saufen, kübeln, laufen lassen**
**Schnaps und Bier aus vollen Tassen**

Da liegst du nun, wie ein Stück Dreck
Willst gerne davon weg
Du riefst den Feind, du kennst ihn wohl
Es ist der verdammte Alkohol

Angstvoll flehst du: Erbarm dich meiner
Doch es hört dich keiner
Hoffnung und Rettung aus dieser Pein
Kannst nur du selber sein

# November 2005

*Schatz, danke für die beiden Bücher. Sie haben sie mir schon vorige Woche von der Kammer zukommen lassen. Ich hätte Dir das sofort schreiben sollen, aber Gerd ... Du weißt schon ... der Gerdchen aus der „Lady-Bar", der hier auf der 5 liegt, also der Gerd ... dem seine Mutter ist gestorben und er war ziemlich fertig. Dabei hat er sie 20 Jahre nicht gesehen. Die hat ja in Bochum aufm Eierberg malocht.*

*Zuerst hat sie da für Bernie angeschafft. Mensch, dass ist auch schon eine Ewigkeit her.*

*Dann hat ihr ein Freier das Ohr abgebissen und sie hat ne Macke gekriegt und Bernie hat sie verkauft.*

*Aber das ging nicht gut. Sie hat noch ein bisken am Bahnhof gewackelt, ist aber dann zurück in die Gussstahlstraße. Erst hinterm Tresen, da hat sie selbst zuviel gesoffen, dann inne Küche.*

*Aber als das mit dem Blutkrebs raus kam haben sie alle Schiss gehabt und sie gekantet. Ist dann bei Dragan im „Pink Pool" aufm Scheißhaus als Putze gelandet.*

*Was für ne arme Sau.*

\*

## Klofrau

Sie putzt und wienert den Lokus der Bar
Sie kratzt und scheuert, macht alles klar
Und wenn's keiner sieht, ist hingerotzt
Sie kann sich nicht wehren, ist vollgekotzt

Sie spendet Trost für die paar Cent
Auch dem, der in der Kotze pennt
Sie vergießt Tränen für den toten Fixer
Verreckt an einer Überdosis, dieser Wixer

Rosie, Rosie was ist der Sinn
Rosie wo gehst du hin

Will einer vögeln, auf ihrem Scheißhaus
Dann hilft sie mit Kondomen aus
Sie ruft nicht die Schmiere, sagt keinen Laut
Als der Penner ihr die paar Euro klaut

Niemand hat gefragt wo sie wohl wohnt
Keiner wollte wissen ob ihr Leben sich lohnt
Niemand war da, sie hat keiner gepflegt
Anonym wurde sie in die kühle Erde gelegt

Rosie, Rosie was war der Sinn
Rosi wo bist du hin

\*

# Mensch

Schlimm ist, dass der Mensch nur selbst über sich urteilen kann und auf Grund seiner selbstgefälligen Selbsteinschätzung kaum zu einer objektiven Meinung kommen wird.

Ich hab da so meine eigene Vorstellung, was der Mensch im Gesamthaushalt der Natur eigentlich für eine Stelle einnimmt.

Die Natur, die Erde, in ihrer sich immer wieder ergänzenden und sich selbst neu erschaffenden Einheit hat an sich keinen Platz für den Menschen vorgesehen.

Der Mensch selbst ist eine Mutation, eine Art Pilz oder auch Krebsgeschwür.

In dem Gesamthaushalt bringt er keinen Nutzen ein, keine Vorbestimmung und keine Auftragserfüllung zur Erhaltung des allgemeinen Lebensraumes.

Wir sind eine Krankheit, eine durch Habgier und Machstreben sich immer wieder formierende Art von Bakterien, die den Gastkörper so lange missbraucht, bis er nicht mehr als Nahrungs- und Nestpotentat taugt.

Der Mensch ist die Mutter aller Parasiten. Wir sind das Vorbild dafür in perfektionierter Ausführung.

Bei der viel zitierten Überlegenheit, unserem Anspruch darauf, die Erde untertan zu machen und bei allen Beschwörungen der menschlichen Größe – wir sind nicht einmal in der Lage uns selbst zu kontrollieren.

Vielleicht ist gerade deshalb unser Hass auf alles andere Leben, jede Vegetation oder Organismus, die im Einklang mit dem Großen und Ganzen leben, so groß.

Es muss Hass sein, denn anders ist unsere Verhaltensweise auf dieser Erde nicht zu erklären.

Jeder Erklärungsversuch, wie … bewusst – unbewusst; instinktiv – intelligent … bleiben nichts weiter als Phrasen, wenn die Taten aus der Erkenntnis nicht dem Anspruch gerecht werden.

Alles was wir uns an überlegener Intelligenz bescheinigen, wir uns an Geniestreichen zugestehen und wir uns an Errungenschaften bestätigen, ist durch nichts weiter bestätigt, außer durch unseren eigenen unersättlichen Hunger nach Anerkennung.

Die Aliens? Das sind wir.

Vielleicht auch deshalb die ewige Angst des Menschen vor dem Unbekannten. Die Furcht vor der Bedrohung von außen, weil wir selbst eine Spezies sind, die ausgesandt oder entstanden ist, zur reinen Zerstörung.

Vielleicht zeigen wir deshalb immer so grausame Bilder von überlegenen Wesen, wenn wir uns den Besuch aus dem All vorstellen. In Wirklichkeit ist es nichts weiter als ein Selbstbildnis.

Unser Selbsterhaltungstrieb, mit dem wir soviel entschuldigen, dient dem Zweck alles andere zu vernichten. Sind wir uns dessen sicher, so wenden wir uns gegen uns selbst. Hurra!

Es gibt nichts, aber auch gar nichts, dass der Mensch nicht ausschließlich nur zu seinem Wohl tut.

Er ist das perfekte Perpedo Mobile. Er hält sich in Bewegung in dem er Probleme beseitigt, in dem er Probleme schafft.

Und doch, obwohl auch ich einer dieser Killerkeimzellen bin und mir all das bewusst ist, lebe ich mit Freude und mit Leidenschaft.

*

# Cowboy sein

Wir waren mal auf einer Party und damit Günni nicht den ganzen Abend alleine rumhing, hatten wir die dicke Elli auf ihn angesetzt, in dem wir ihr erzählt hatten, dass Günni schon wochenlang von ihr schwärmt.

Es dauerte eine halbe Stunde, dann taute Günni auf, oder es war der „Futschi", von dem er schon kübelweise in sich hineingeschüttet hatte. Egal wie, die beiden knutschten und fummelten auf jeden Fall rum.

Dann ging Gisela aufs Klo und Günni verdünnisierte sich in Richtung Korridor.

Wir bekamen mit, dass er seine Jacke nahm und sich verdrücken wollte. Also wir hinterher: „Wat is Günni, bisse bescheuert? Wieso machste den polnischen?"

„Mann, lass mir bloß zufrieden. Ick hau ab!"

„Was ist denn? Riecht die Alte aussem Maul?"

„Ick hab keenen Bock mehr, ich mach nen Schuh!"

Günni schien sich unwohl zu fühlen.

„Mann Günni, du warst ihr doch schon anne Lasche. Wat is denn? Willste nich reinstecken?

Günni sah uns ernsthaft an: „Ehrlich?"

„Ehrlich, Günni, nu sach schon, was war los?!"

„Dit war so jewesen, als ob ick een Pferd fütter!"

# Gourmet

Schön war auch die Günter „Günni" Weinbier Episode mit der französischen Küche.

Mal wieder pleite und mit Kohldampf in den Kaldaunen hatten wir uns Nachbars Katze in den Bräter gehauen und zum Schluss noch als Geschnetzeltes in der Pfanne angebraten.

Es klingelte und Gela kam zu Besuch, fragte was wir da auf dem Tisch hätten. Günni erzählte ihr irgendetwas von einem Rezept seiner Oma oder so, aber keinen Ton davon, dass es Katze war. Es dauerte nicht lange und Gela versuchte auch einen kleinen Bissen. Zuerst mit langen Zähnen, aber es schien zu schmecken.

Günni ging in die Küche, kam mit dem blutigen Katzenfell zurück, warf es neben Gela auf den Boden:

„Hier, kannse dir noch een Muff von machen."

Ich fand besonders ärgerlich, dass Gela auf die Reste in der Pfanne kotzte und nicht neben den Tisch.

*

# Das ganze Leben Rock'n Roll

Auf der Straße, nass und kalt,
bin unterwegs, in meiner Welt
seh die Lichter, bunt und grell,
gehör dahin, weil ich es will

Rock'n Roll, ein Leben lang
Mit Speed, die Straße entlang

Auf den Füßen, auf den Knien,
hab gesiegt, oder musste fliehn,

Schmerz gefühlt, Triumph genossen,
Wut empfunden, Tränen nie vergossen.

Rock'n Roll, ein Sieger sein,
Mit Zorn, stets vorn dabei

Immer am Limit, von allem nur das Beste,
Alles genommen, für die andern die Reste,
ohne Skrupel, alle Dinge machen,
die Zelle geschlossen, darüber lachen

Rock'n Roll, das Schicksal zwingen
Mit Mut, seinen Einsatz bringen

Das Ende gekommen, in der Dunkelheit,
was auch passiert, ich bin soweit,
noch einmal stark sein, oder Zweifel doch
die Frage kommt, was gibt es noch

Rock'n Roll, mit Gedanken daran
Mit Zweifel, wie alles begann

Den Tunnel entlang, vor den letzten Richter
Furcht erkennen, bin nicht mehr sicher,
die Schuld geblieben, den Mut genommen,
spätes Erkennen, Gnade bekommen

Rock'n Roll, von vorne beginnen
Wieder den vollen Einsatz bringen

\*

# Leben

Das Leben an sich übt auf mich keine Faszination aus. Man wird hineingeworfen und muss sehen, was man daraus macht. Es ist das Zusammenspiel von Chemie, Motorik, Instinkt und Trieben. Kurz beschrieben:

Man wird geboren, läuft hin und her und stirbt.

Die Faszination ist die besondere Form des Lebens als Mensch, geprägt durch Bewusstsein, Ahnung und Erinnerung.

Große Teile des Lebens sind von Paradoxen geprägt, nämlich, um die Konsequenzen aus einer Handlung zu wissen und entgegen der daraus resultierenden Wahrscheinlichkeit zu handeln.

Die meiste Zeit verbringen wir fremdbestimmt, von allen möglichen Zwängen und Verlockungen bevormundet. Ob nun durch Wissenschaft, Religion, Medien, Industrie oder Politik, das bleibt sich gleich. Es fängt damit an, dass die meisten Eltern ihre Kinder zu den Menschen erziehen möchten, die sie selbst nicht geworden sind.

Ich selbst bin jetzt in meinem vierten Leben. Das Erste war Kind zu sein, das zweite Verbrecher zu sein, das dritte Unternehmer und das vierte Künstler zu sein.

Keins davon war langweilig und ich habe jedes in vollen Zügen genossen.

Heute, mit fast 60 Jahren, gemessen an der weltlichen Zeitrechnung, bin ich die Summe aller Ereignisse, die sich in diesen Abschnitten abgespielt haben.

Was wäre ich heute für ein Mensch, wenn mir nur ein Bruchteil davon fehlen würde? Wäre ich unglücklicher? Wäre ich zufriedener?

Hätte ich andere Bekannte? Wäre ich in den Augen derjenigen die mich kennen mieser oder wertvoller?

Das Leben bestimmt nicht den Charakter, sondern es legt ihn nur frei. Deshalb genieße ich den Luxus, bisher davon vier gehabt zu haben.

Leben mit Bewusstsein heißt immer an seine Grenzen zu gehen oder diese überhaupt erst einmal kennen zu lernen. Erfahrungen miteinander zu vergleichen und sich neue Ziele setzen. Leben, wie ich es verstehe, klingt nicht einfach aus, sondern mit seinem Ende ist lediglich der Rahmen der Möglichkeiten von Ideen ausgeschöpft.

Es wird erst ein Ausklingen, wenn du glaubst, deine Aufgaben erledigt und deine Ziele erreicht zu haben.

Dann folgt vegetieren, instinktives Folgen eines Trampelpfades. Wobei das eine individuelle Entscheidung ist und überhaupt keine Wertung beinhaltet.

Du lebst solange du neugierig und laut bist, solange du immer hinter den nächsten Hügel sehen möchtest und versuchst deine Ideen um zu setzen. Es gibt nichts, was du in deinem Leben nicht tun könntest. Sehe das Leben als Zwiebel und häute ab, was dir Traditionen, Verpflichtungen, Erwartungen, Normen, Gesetze und dergleichen vorschreiben. Mit dem Rest, mit dir selbst, solltest du zu leben anfangen.

****

Manchmal stellt das Leben ganz seltsame Fragen und bleibt die Antwort schuldig.

Ein Freund von mir war an einem dreifachen Mord beteiligt, für den er zu einer lebenslangen Gefängnisstrafe verurteilt wurde, die er mit 25 Jahren Haft verbüßte.

Danach brauchte er viele Jahre um sich draußen zu Recht zu finden, heiratete und wurde Hausmeister in einer Wohnanlage.

Seine Jugend war geprägt von Armut, familiärer Enttäuschung und Verwahrlosung, was er aber nie als Erklärung oder gar Entschuldigung für die Tat benutzt hat.

Er überrascht mich mit einer ganz anderen Frage:

„Warum mussten drei Menschen sterben, damit ich aus meiner asozialen Lebensweise entkam, um 25 Jahre später ein geordnetes Leben führen zu können?"

# Mai 2006

*Schon komisch, Kleene, dass man hier darüber nachdenkt, was die Menschen wohl gefühlt haben, wenn sie mir begegnet sind.*

*Vielleicht machen 27 Monate auch ein bisken weich? Auf der Straße wäre mir so etwas nie in den Sinn gekommen.*

*Draußen war nur wichtig, dass wir Spaß hatten.*

*Was ging uns die ganze Mischpoke an, die geregelter Arbeit nachging und morgens, wenn wir nach Hause kamen, grau und missmutig gelaunt aus den Häusern kroch.*

*Da hatten wir nur ein kleines Grinsen für übrig. Blödmänner, habe ich immer gedacht.*

*Gestern habe ich einen Artikel gelesen und danach ist mir bewusst geworden, dass es auch andere Gefühle, Empfindungen und Wünsche gibt, als wie ich sie habe.*

*Ich kann hier natürlich mit keinem darüber reden. Die würden denken ich werde weich oder hätte einen an der Waffel.*

*Tratsch Du das auch nicht weiter. Auch nicht bei Rosie, mit der Du immer zusammenhängst. Also, Klappe halten!*

*Ich weiß noch, wie ich mal mit „Günni" Weinbein um die Häuser gewesen bin …*

\*

## Dentale Orgie

… und irgendwann sind wir nach Druckbetankung komatös abgetreten.

Am nächsten Morgen waren nur noch Erinnerungsfetzen da. Vom großen Finale war alles gelöscht.

Günni saß auf der Couch und drehte sich ne Kippe.

Ich massierte mir den Schädel: „Mann, was war denn gestern los? Wo waren wir überhaupt zum Schluss!"

Günni leckte das Blättchen an: „Mmmhmm, zum Schluss waren wir bei Uschi inne Bergmannstraße, aber janz zum Schluss bei der Torte, die du abjeschleppt hast."

Ich griff zur Pilsette auf dem Tisch und ließ den Korken zischen: „Ne Torte? Was denn für ne Torte?"

Günni klopfte den Tabak an beiden Enden fest: „Schon een bisken älter, aber noch gut im Strumpf?

Ich nahm einen Schluck, stellte die Pulle zurück auf den Tisch und starrte auf die goldene Kette, die dort lag: „Wo kommt die denn her?"

Günni steckte die Selbstgedrehte in Brand und nahm einen tiefen Zug: „Die hasse ihr geklaut!"

Ich wog die Kette in der Hand: „Und? War sie sauer?"

Günni betrachtete die Glut seiner Zigarette: „Nööö, da noch nicht. Erst als du ihr Jebiss aus dem Fenster jeworfen has!"

*

# Nöööö

Es war eine Angewohnheit, wenn wir irgendwo hinwollten, in ein x-beliebiges Auto zu steigen, das gerade an einer Ampel hielt und dem Fahrer zu sagen, wo es hingehen sollte. Das klappte normalerweise immer.

Wenn man uns sah, wusste man, dass es keine Bezahlung geben würde.

Allerdings hat mich mal einer verblüfft.

Wir waren zu dritt in Spandau, schmissen uns an einer roten Ampel in einen Mercedes. Hinter dem Steuer eine kleine, dickliche Weichbacke. Brille auf der Nase und den ängstlichen Blick eines Nacktmulches.

Also wir rein in die Karre: „Dicker tret durch, rechts ab und zum Klausener Platz!"

Der Dicke bleibt treudoof an der Ampel stehen, sieht mich

vollkommen verstört an: „Nee, wieso? Da muss ich doch gar nicht hin!"

Wir haben ihn trotzdem überzeugt, aber über diese Sekunde, als der Nacktmulch mit tiefster Überzeugung ablehnte, lachen wir noch heute, wenn wir uns ab und zu sehen.

# September 2006

*Liebling, diese Zeilen schick ich Dir über nen Freigänger, also antworte nicht darauf im Brief.*

*Wieso hast Du so einen Zeck gemacht, als Pitter bei dir drei Mill abgeholt hat. Ich hab hier beim Zocken ein paar Taler an die Russen verloren. Das muss gelöhnt werden. Und wieso habe ich letzte Woche keine Post bekommen? Was ist da draußen los?*

*Da hab ich mich Dir mal anvertraut und Du denkst gleich, dass Du von der Leine kannst?*

*Bleib in der Spur, sag ich Dir!*

*Hee, meine kleine Pussi, wenn ich wieder raus bin, wird alles anders. Glaub mir. Ich hab da schon eine Idee.*

\*

## Spieler

Hallo mein Freund, nimm die Karten
Spiel dein Blatt, lass mich nicht warten
Will nur deine Kohle, dann mach nen Satz
Du bist hier fertig, ich brauch den Platz

Komm an den Tisch, bestell dir nen Mokka
Ich bin nicht dein Freund, nur ein Zocker

Herein du Fremder, lass die Würfel rolln
Wirf deine Zahlen, du musst es nur wolln
Den letzen Hunni, nun stell dich nicht an
Jetzt zeig's mir, du bist doch ein Mann

Kalter Rauch und müde Augen, schales Bier
Der Morgen graut, was mach ich hier

Hoch der Einsatz, in der Nacht gewonnen
Der Tag beginnt, es ist zerronnen

Kein Geld mehr fürs Taxi, muss mir was borgen
Nie mehr spielen, vielleicht … noch einmal morgen

\*

## Zocker unter sich

Hasi war ein Schlitzohr.

Nicht der breiteste und stärkste, aber wenn es zur Sache ging, war er immer vorne mit dabei. Hasi fiel zwar meistens als einer der ersten, aber solange er stand, kloppte er mit, so gut er konnte. Seine Qualitäten lagen woanders.

Hasi war ein Trickser, ein Betrüger und Wohnungseinbrecher.

In der Kneipe „ZUR RUNDE" hat er mal ein schönes Ding abgezogen, nur so aus Bock.

Wir hingen da ab und warteten auf Patienten, denen wir vielleicht ne schnelle Mark aus der Tasche ziehen konnten. Irgend so ein Hansel prahlte mit einem Kartentrick.

Nicht lange und Hasi und der Typ waren ein Paar. Hasi fühlte sich herausgefordert und packte ein bisken aus.

Den Trick vom verbrannten 50er, der nachher wieder unversehrt ist. Die zerrissenen Karten die doch heile sind bis hin zum Glühbirnenessen. Der Gast war begeistert.

Jeder Trick war eine Wette und es ging um Kohle.

Auf jeden Fall lag der Typ zum Schluss mit 150 Öcken hinten. Und da holte Hasi zum großen Wurf aus. „HÖR MA, ick kann dir anpissen, ohne dass de nass wirst!"

Der Fremde zögerte. Zum einen konnte er sich nicht vorstellen, wie das klappen könnte. Zum anderen hatte Hasi bis jetzt jeden verdammten Trick perfekt durchgezogen. Hasi blieb geschmeidig: „Lass et sein, aber ick wette alles oder nischt!"

Der Gast grübelte und schlug ein … wenn Hasi ihm hinterher den Trick verraten würde. Sicherlich spekulierte er darauf, in Zukunft mit dem Trick woanders ne Menge Kohle zumachen. Davon war Hasi nicht so begeistert, stimmte aber dann doch zu und ab ging's auf Lokus.

Hasi holte seinen Schnuller raus und seechte los. Er pinkelte den Kerl von oben bis unten voll.

Zuerst guckte der noch ganz entspannt … als aber die Nässe durch die Klamotten durch war … krähte er los.

Hasi zog die Augenbrauen hoch: „Hee, reg dir nich uff, diesmal hast du jewonnen!

Er gab ihm das Geld, kniff uns ein Auge zu: „War mir aber auch 150 wert, mal so einen Idioten wie Dir anzupissen!"

*

# Kameradschaft, Stolz, Ehre, Loyalität

Starke Worte, große Geste. Sie haben mir einmal viel bedeutet. Aber ich bin vorsichtig geworden, mich ihnen zu verpflichten.

Sie haben mich einiges gekostet, in jeder Art und Weise. Damals habe ich aufrecht dafür bezahlt und es war jede einzelne Rechnung wert gewesen.

Zwei Dinge haben mich misstrauisch gemacht. Zum einen die Drogen und zum anderen die so genannte bürgerliche Gesellschaft.

Als damals die Drogen den Kiez, das Milieu überschwemmten, waren diese Werte plötzlich nichts mehr wert. Die Geborgenheit, die Sicherheit, das Zuhause und der Zusammenhalt, waren plötzlich nicht mehr vorhanden.

Die Sucht hat alles zerstört. Die alten Kumpels bauten den eigenen Kameraden Minen oder betrogen ihre Freunde.

Ich selbst habe gesoffen wie ein Loch, aber bis heute habe ich keine Drogen genommen, noch nicht einmal einen Zug von einer Haschzigarette. Und das nicht aus Mangel an Gelegenheit, sondern aus Schiss vor der Abhängigkeit. Die Veränderungen die durch die Drogen kamen, war unter anderem einer meiner Gründe einen neuen Weg zu gehen.

Mit einem Haufen Schulden, und Leute ich rede von einem ganzen Haufen Schulden, bin ich dann aus dem Knast entlassen worden und habe mir ein Ultimatum gesetzt, in dem ich die andere, die bürgerliche Seite ausprobieren wollte. Ohne Suff, ohne linke Stöße und ohne ein krummes Ding.

Ich, besser wir, habe es gerockt, aber niemals wieder, mit Ausnahme bei meiner Frau, habe ich Kameradschaft, Stolz, Ehre, Loyalität in dem Maße wieder gefunden, so wie früher.

Und das fehlt mir. Das sind meine einsamen Stunden

Bei allem was ich tue, unternehme, dem ganzen Rock'n Roll, ist das ein Stück, das unerfüllt bleibt.

All diese hehren Begriffe (Kameradschaft, Stolz, Ehre, Loyalität) werden auch in der ehrbaren Gesellschaft gebraucht, aber sie sind dort dehnbar, verschiebbar und veränderbar. Sie werden je nach Gelegenheit und Vorteil verdreht, verraten, verkauft und neu bestimmt.

Ich kenne Geschäftsleute, Polizisten, Politiker, Angestellte und so genannte einfache Leute. Keinem würde ich soviel Vertrauen entgegenbringen, mich ihnen gegenüber über, mit diesen Begriffe, zu verbinden oder verbindlich zu erklären.

Ich habe das Gefühl, dass die Aufgabe dieser Werte der Preis für die Macht der moralischen, regierenden Sozialform der menschlichen Gesellschaft ist.

Ich bin oft gefragt worden, insbesondere von Politikern und Polizisten, während meiner Arbeit an Schulen, warum ich noch immer Kontakte ins Milieu pflege, mich in einem Boxstall fit halte oder bei den MCs ein- und ausgehe.

Leute, dort spüre ich noch diese alten vertrauten Werte. Es ist ein Gefühl von Ehrlichkeit zu fühlen.

Weder beim MC, noch auf dem Geburtstag eines Nachtklubbesitzers, im Box Gym oder in Türsteherkreisen ist mir jemals ein krummes Ding angeboten worden. Niemand hat versucht mich auszunutzen oder über die Bekanntschaft zu mir sich einen Vorteil zu verschaffen.

In Diskotheken, auf Dorffesten oder sonstigen Feiern, muss ich meine Frau nach 23.00 Uhr auf die Toilette begleiten, weil ihr sonst irgendein Besoffener an den Arsch fasst. Aber bei Klubs oder einem Treffen „Ehemaliger" besteht keine Gefahr. Da gilt die Gastfreundschaft als heilig. Bei diesen Gelegenheiten kann ich auch einmal meine ständige Wachsamkeit sein lassen, dort ist eine sichere Zone.

Ich habe 20 jahrelang ein Fuhrunternehmen gehabt. In diesen Jahren habe ich keine Loyalität und keinen Schulterschluss gefunden. Lippenbekenntnisse viele, aber keine Aufrichtigkeit. Ob Senat, Berufskollegen oder Geschäftspartner, sie haben nur mit den Begriffen gespielt, waren aber nicht in der Lage sie zu leben.

Es gibt ein paar wenige Ausnahmen, wie zum Beispiel Hans-Jürgen Funcke, Bernd Tingler und Christian Dreßler, die die Regel bestätigen, das möchte ich der Fairness halber hier erwähnt haben.

Wenn ich also „Jungs" besuche, mit ihnen quatsche, von ihnen eingeladen werde, dann ist das so etwas wie ein Urlaub.

Dort ist der Geist der Bruderschaften zu fühlen, die alten Werte spüre ich noch und wenn es vielleicht nur die Illusion für ein paar Stunden ist. Und die Themen über die wir sprechen? Nicht über Raub, Mord, Totschlag, Schutzgelder Drogen und Prostitution.

Da geht es um Kinder, Autos, Motorräder, Krankheit, Politik, Musik, die Börse, dicke Titten und Fußball.

Zurück im „normalen" Leben, muss ich wieder aufpassen, nicht übervorteilt, beschissen oder ausgenutzt zu werden.

Wer meint es ehrlich, wer spielt mir nur eine Rolle vor? Zusagen werden nicht eingehalten und Abmachungen plötzlich neu interpretiert. Anwälte zitieren Kleingedrucktes. Heute hofiert und morgen fallen gelassen. Ist der nur nett, weil er etwas von mir will? Und … und … und …

Kameradschaft, Stolz, Ehre, Loyalität – das kannst du nicht studieren, verliehen bekommen oder dir durch Ämter erwerben, das musst du lernen, in dir haben, es leben.

Habe ich vorher unter Wölfen gelebt, so war das weniger gefährlich als jetzt, wo ich unter Schafen lebe, aber sich die größten Wölfe unter Schafspelzen verstecken.

# Dezember 2006

*Kleene, gestern haben sie „Platte" ins Krankenhaus gebracht. Irgendetwas mit der Leber. Ich denke mal, dass kommt von dem Scheiß Selbstgebrannten hier im Knast. Den machen sie in alten Kanistern von der Bohnermilch. Aber Platte war ja einiges gewohnt, wo er doch draußen am Berbern war. Vielleicht wollte er auch einfach nicht mehr so eingesperrt sein und hat sich frei gesoffen.*

*Ich wünsche mir, unser Junge würde frei aufwachsen.*

*Aber eben anders frei als ich.*

*Und je länger ich darüber nachdenke, umso klarer wird mir, dass ich ihm nichts wirklich mitgeben kann.*

*Ich habe nichts, was ich ihm an die Hand geben könnte. Kein Kapital, keine Lehre, kein Haus, kein Freunde, noch nicht einmal gute Ratschläge.*

*Nur Skrupel- und Gewissenlosigkeit. Aber damit ist er dann allein. Das ist nur eine Richtung, ohne Alternative. Und er ist darin gefangen, nicht frei. Er ist in diesem Käfig eingesperrt, der sein Revier ist, da muss er aufpassen und es sauber halten.*

*Ist es zu spät, daran etwas zu ändern?*

*Verdammt, diese Grübelei macht mich fertig.*

*Hilf mir!*

*

# Freiheit

Der Begriff Freiheit wird oft gebraucht und ist abgenutzt.

Missbräuchlich benutzt, verführerisch eingesetzt oder als Drohung verwandt. Alle spielen damit, die Wirtschaft, die Medien, die Kirche und vor allem die Politik. Aber sie alle können uns Freiheit nicht geben.

Freiheit entsteht nur in dir selbst. Sie ist eine Kraft die du hast oder die du nicht hast. Es ist die individuelle Entscheidungsfähigkeit jedes Einzelnen.

Die Entscheidung die du zwischen zwei Alternativen fällst, bei vollem Bewusstsein mit allen Konsequenzen.

Wohlgemerkt, du musst sie frei fällen können. Also nicht unter Drogen stehen, gefoltert werden oder sonst wie nicht im vollen Bewusstsein deines Geistes sein.

Existenzängste, Schamgefühle oder Vorteilssuche gehören nicht zu den Gründen, die deine Freiheit einschränken. Denn nur unbedacht jeder Äußerlichkeiten, aller Statussymbole und Rechtfertigungen vor der Gesellschaft kannst du frei sein.

Man verliert die Freiheit nicht im Gefängnis, nicht in der Ehe und nicht im Beruf. Man verliert die Freiheit immer dann, wenn man sich Wünschen, Neid, blindem Gehorsam, Furcht und Habgier unterwirft.

Wie oft höre ich: „Ich würde ja gerne, aber ich kann ja nicht!" „Doch du kannst!", halte ich dem entgegen.

Kein Leben ist ausschließlich festgelegt. Du musst dich nur zwischen der Sklaverei und der Freiheit entscheiden.

Wenn du glücklich bist, da wo du bist, dann bist du auch frei.

**** 

Während ich eine längere Jugendstrafe verbüßte, galt ich als renitent und unbelehrbar. Zu der Zeit waren die Haftbedingungen noch wesentlich straffer und erzieherischer angelegt. So verbrachte ich mehrere Monate in strenger Einzelhaft und im Bunker. Der Bunker ist eine Absonderungszelle, in der die Haftumstände erheblich eingeschränkt sind. Zudem hagelte es Hausstrafen in Form von Einkaufssperren, Besuchssperre und Ausschluss von Freizeitgruppen.

Vieler meiner Strafen handelte ich mir ein, weil ich die bestehende Hausordnung und die Willkür des Vollzugspersonals nicht akzeptiert habe.

Oder können sie mir den sinnlosen Vorgang des wöchentlichen Abschmirgelns einer blanken Fußbodenstahlschiene im Türbereich erklären?

Diese und mehrere Kleinigkeiten waren mir deshalb zuwider, weil sie offensichtlich nur darauf angelegt waren uns Jugendliche zu brechen, bzw. ein devotes Verhalten an zu erziehen.

Wenn man als Jugendlicher einsitzt, von der Gemeinschaft ausgeschlossen wird, Essenseinschränkung erhält und … und … und …, dann ist die Entscheidung sich zu verweigern, zu revoltieren schon schwer.

Anstaltsleitung und Vollzugsbeamten haben sich immer wieder neue Repressalien ausgedacht.

Aber ich habe es getan, ich habe mich weiterhin verweigert, wieder und immer wieder. Und ich war frei. Irgendwann gab es nichts mehr, was man mir verbieten, mir nehmen oder gegen mich anordnen konnte. Ich hatte alles ausgekostet, es machte mir nichts mehr aus, aber ich hatte immer noch mein „NEIN".

Doch das System hatte nichts mehr. Sie waren hilflos geworden, weil sie mir nichts mehr nehmen konnten.

Nach 18 Monaten ist man mir mit Kompromissen entgegengekommen, um sich zu arrangieren.

Dass Kompromisse kein Einknicken und keine Niederlagen sind, musste ich erst lernen.

Den Rest meiner Strafe habe ich dann im normalen Vollzug abgesessen, doch ohne mich verbiegen zu müssen.

Und ich blieb frei, weil ich wusste, jederzeit wieder das „Verweigern" abrufen zu können.

Frei sein heißt nicht immer auf der Erfolgsleiter ganz oben zu sein. Frei sein bedeutet atmen zu können und seinen Weg frei der eigenen Entscheidung gemäß bestimmen zu dürfen. Frei sein heißt sich auch verweigern zu können.

Doch es heißt auch sich zu verweigern gegen die Versuchung, gegen den anscheinend leichteren Weg oder gegen die eigenen Wünsche. Frei sein ist eine harte Disziplin.

Ich kann es und bin auch heute noch frei.

*

# Der Rüde

Ohne Respekt und Gewissen
Auf Moral ist was geschissen
Nichts hören vom braven Leben
Anderes muss es für mich geben

Man ist wach oder müde
Man ist Sklave oder Rüde

Wild das Revier markiert
Alle andern abserviert
Blutiges Fell und lahm ein Bein
Alles egal, Sieger sein

Devot und läufig ist sie gekommen
Von hinten schnell genommen
Niemals teilen, niemals geben
Einfach auf der Straße leben.

Man ist wach oder müde
Man ist Sklave oder Rüde

\*

# Unter Freunden

Günter „Günni" Weinbein und Jagger waren auf einer Studentenfete gelandet. Solange es genug zum Saufen gab, kamen die beiden unterschiedlichen Spezies gut miteinander aus. Als der Treibstoff jedoch zu Ende ging und kein Nachschub in Sicht war, sorgten Günni und Jagger auf ihre Art für Stimmung.

Die Studenten mussten sich mit dem Gesicht zur Wand stellen und bekamen mit Stahlruten den nackten Arsch versohlt.

****

Günni machte zu der Zeit gerade eine Lehre als Tankwart im nassen Dreieck. Zwei Tage nach dem Vorfall auf der Party kam sein Chef und bot ihm an früher Feierabend zu machen, weil Günnis Kumpels draußen warteten.

Günni war verwundert, sah nach. Erschrocken blaffte er seinen Chef an: „Mann, bist du bekloppt, schließ ab und ruf die Bullen!"

Draußen standen an die 50 Stundenten mit Zaunlatten und warteten darauf, dass Günni Feierabend machte.

*

# Tiefflieger

An einem herrlichen Sommertag saßen wir mit ein paar Mann im UHU. Es war absolut nichts los und wir dösten vor uns hin. Aki saß am Fenster und glotzte auf die Straße: „Günni kommt!" Keiner drehte sich zur Tür um.

Plötzlich krachte es tierisch, die Flügeltüren knallten rechts und links an die Wand und mit ohrenbetäubendem Lärm schlug Günni auf einem Fahrrad in den Tresen ein.

Wir blieben auf den Barhockern sitzen und drehten nur die Köpfe zu ihm hin.

Günni lag unter dem demolierten Fahrrad, grinste gequält, hob die Hand, streckte einen Finger in die Höhe:

„Eenen Halben bitte!"

# März 2007

*Sag mal, tickst Du noch richtig. Man hat mir gesteckt, dass Du drei Tage nicht auf der Straße warst. Was willst Du denn da abziehen?*

*Glaubst Du bloß, weil ich jetzt drei Jahre nicht da bin, kannst Du die Coole raushängen lassen? Denk dran ... ich bin bald auf Halbstrafe draußen, da herrscht dann wieder ein anderer Wind.*

*Erzähl mir nicht so einen Scheiß „der Junge, der Junge".*

*Der Junge ist alt genug, der kann auch mal ein paar Stunden alleine bleiben.*

*Sieh zu, dass die Kohle rollt.*

*Und wag es Dir nicht noch einmal ne Sprechstunde ausfallen zu lassen ...... mein Schatz!*

\*

## Rotlicht

Sie dreht an der Stange und zeigt ihr Fleisch
Sie ködert mit Sekt und ihrem Gekreisch
Spreizt ihre Schenkel, der Freier wird rot
Sie tut alles, damit der Lude sie lobt

Rotlicht ... Marktplatz der Lust

Mit Sonnenbrillen und Jacken aus Leder,
was sie wollen, das weiß ein jeder
Sie bieten Schutz, für Geschäft und Büro
Sie nehmen alles, am liebsten Euro

Rotlicht ... Geschäft mit Angst

Gehandelt, gedealt, im kleinen Zimmer
Was man will bekommt man immer
Pumpgun, Messer oder Kalaschnikow
Plastiksprengstoff oder Makarov

Rotlicht … Spiel mit Gewalt

Geraucht, Gefixt, oder durch die Nase
Crack, Heroin oder feste Base
Auf der Straße und auf dem WC
Träume gibts auch im Separee

Rotlicht … Ort der Illusion

Rotlicht ich hasse Dich, Rotlicht ich liebe Dich

*

## Spardose

Die Umstellung auf den Euro hat nicht nur die Preise in die Höhe getrieben, sondern auch manchen Spaß verdorben. Wieso? Weil die neue Währung keinen Fünfer Hartgeld mehr hat.

Früher gab es ein beliebtes Spielchen, wenn es so richtig gemütlich wurde. Da saßen vier oder fünf Mädels in der Hocke auf dem Tresen und versuchten mit ihrer „Muschi" die senkrecht aufgestellten Fünfmarkstücke aufzuheben und sie in ein Wasserglas fallen zu lassen.

Das war etwas fürs Auge und für die Lachmuskeln.

Leider konnte sich der eine oder andere Junge nicht verkneifen, mal einen der Fünfer mit dem Feuerzeug warm zu machen.

*

# Eisbeinroulett

Kennt ihr eigentlich das Eisbeinroulett? Nein? Da habt ihr eine Menge Spaß verpasst.

Es war eine Zeitlang der Renner bei uns. Eigentlich eine ganz harmlose Sache, die bei einem Eisbeinessen in einem Charlottenburger Restaurant entstanden ist und zur Folge hatte, dass wir seitdem regelmäßig einmal im Monat zum Essen gingen.

In der Regel waren zwischen sechs bis acht Kumpels am Start und eine von den Schnecken, meistens die, die noch nicht so lange zum Rudel gehörte.

Wir hatten so zwei bis drei Lokale, die mit ihrer Einrichtung der Sache entgegenkamen. Wichtig dabei sind eine Sitzecke mit genügend Plätzen und ein Tisch mit Decke.

Nachdem das Essen serviert worden war, verschwand das Mädel unterm Tisch und wir packten das Geweih aus.

Während die Kleine unterm Tisch sich abwechselnd mit jedem von uns beschäftigte, haben wir gegessen und uns unterhalten.

Der Witz war, dass derjenige, der merklich zuckte, die Hand unter den Tisch schob, die Luft scharf durch die Zähne zog, die Augen zu lange geschlossen hielt oder sonstige Auffälligkeiten zeigte, die einen Abgang signalisierten, die Rechnung für das gesamte Essen begleichen musste.

Perleken unterm Tisch bekam ab und zu was zum Trinken runtergereicht und hinterher auch neue Strümpfe, wenn ihre an den Knien kaputt waren.

Und ich schwöre euch, Günter „Günni" Weinbein hat ein paar Mal bezahlen müssen, obwohl ich sicher bin, dass die Kleine gerade bei mir am Gerät hing.

\*

# Mai 2007

*Was ist los? Mein Anwalt war hier und hat mir gesagt, dass Du irgendwelche Schritte vorhast, weil die Jungs sich nach Deinem Wohlbefinden erkundigt haben? Und das Sorgerecht für den Kleinen willst Du auch für Dich alleine? Sag mal, merkst Du noch was ... ?*

*Hast Du Dir nen anderen Stecher zugelegt?*

*Welcher Furz hat Dir denn Dein Hirn vernebelt?*

*Warum willst Du mir den Jungen nehmen?*

*Ich hole ihn mir sowieso wieder. Ich finde Dich überall.*

*Mach ja nichts Unbedachtes. Wir können alles lösen.*

*Ich verstehe ja, dass Du den Jungen von der Straße haben willst. Das will ich ja auch. Aber solange wie ich hier drinsitze, kannst Du nicht umziehen.*

*Wovon willst Du denn leben?*

*Willst Du im Supermarkt an der Kasse hocken?*

*Na komm, halte durch.*

*Wenn ich raus bin, ist Schluss damit. Dann suchen wir uns zusammen etwas Neues.*

*Ist das ein Deal?*

*Bitte*

\*

# Sex

Sex ist eine Angelegenheit die gleichermaßen überbewertet wie auch unterbewertet ist. Sex ist immer egoman bestimmt. Ich rede hier vom Sex und nicht vom Kindermachen!

Seit doch mal ehrlich. Selbstbefriedigung ist doch ne coole Sache?

Du kannst die intime Einsamkeit genießen, das Licht an- oder ausmachen, die Musik auflegen die du willst, den Rhythmus und die Dauer selbst bestimmen.

Außerdem kannst du einen fahren lassen, wenn du willst.

Und wenn du es mal richtig krachen lassen willst, legst du dir nen Porno ein.

Aber ... bis hierhin bleibt es einfach nur wichsen.

Und für die Stunden De Luxe, nehmen wir uns ein Weibchen. Kuschelig, weich – warm, feucht ...

Und die Mädels nehmen sich nen Kerl, aber wie die das fühlen, kann ich nicht beschreiben ...

Aber es bleibt doch, Selbstbefriedigung, nur optimiert durch ein exquisites Extra.

Ich kann mich jedenfalls nicht daran erinnern, früher in die Disko mit der Überlegung gegangen zu sein: „Ich hab zwar heute keinen Bock auf poppen, aber mal sehen, wen ich glücklich machen kann!"

Und ich hab mir auch immer die Frauen ausgesucht, die mir gefallen und die mich geil gemacht haben und nicht die „Trümmer-Lotten". Es ging immer nur um:

„Selbstbefriedigung De Luxe".

Wenn du die Ackerei hinter dir hast, sind die Karten sowieso neu gemischt. Die Kleene sieht plötzlich ganz anders aus, riecht unterm Arm und will dich auch noch duzen. Ganz überraschend sind dann auch die Ansprüche, die sie stellen. Ich hab nie den Sinn verstanden, wenn man sich auf dem Parkplatz die Hose nach fünf Minuten hochzog und das Mädel auf der Motorhaube fragte: „Wat denn, war das allet?"

Ich habe dann ehrlich geantwortet: „Schatz, Ich weiß ja nicht was dein Problem mit Sex ist, aber für mich war es geil!"

Und ehrlich, bei dem, was noch alles an Bräuten in der Disko wartete, konnte man sich doch nicht mit jeder stundenlang beschäftigen.

So bleibt Sex die Befriedigung der Lust des Einzelnen, mal zusammen, mal alleine. Und rede du dir nur ein, du machst den anderen glücklich,

Hauptsache ist, du bist dabei befriedigt.

*

# Aufreißer sein

Ich hatte immer ne Menge Chancen bei den Mädels. Weiß ja auch nicht, was die Weiber an mir finden.

Wieder einmal ging es ab. Vorne im Wohnzimmer wurde gezockt, an der Bar gesoffen und hinten im Schlafzimmer lag ne Neue, auf der sich einige Jungs ablösten.

Jeder von ihnen kam mit diesem bewussten blöden Grinsen in der Fresse und erhobenen Daumen da raus, ran an die Bar, um erst mal einen zu trinken.

Ich denke, Fredi war so der sechste oder siebte der aus dem Schlafzimmer kam, als ich mir in meinem Glimmer dachte, auch noch nen Stich zu machen. Also ran an das Bett, die Hose runter und rin die Falle.

Denkste! Die blöde Kuh kam hoch wie ne Furie und schrie mich an: „Was willst du denn? Glaubst du ich lass jeden ran?"

*

# Macker

Vor ein paar Wochen habe ich zufällig ein paar von den damaligen Stuten wieder getroffen. Inzwischen auch mit Büffelhüfte, um die 50 und mit schickem Faltenwurf.

Ist schon seltsam, wenn man sich so in und auswendig kennt und die Perlen dann über 30 Jahre später plötzlich mit nem biederen Ehemann vor einem stehen. Du siehst in ihren Augen die Freude, dich wieder zu sehen und auch den Schiss, dass du was von damals erzählen könntest.

„Heee, Ladies, keine Sorge, das hat ein echter Macker doch nicht nötig."

Wir setzten uns in ein Café und plötzlich war „Macho sein" das Thema. Ruck Zuck hieß es, dass ich damals ein richtiger

Macho gewesen sein soll. Festgemacht wurde das an der Geschichte, an der zwei der reifen Ladies beteiligt gewesen sind. Ich hatte den Vorfall schon längst vergessen. Aber bildet euch selbst ein Urteil.

Wir hatten damals für ein paar Monate unseren Stammsitz im PILSATOR. Dort betankten wir uns regelmäßig. Eines Tages stand ich verschwitzt und schmuddelig am Tresen und haute mir ein paar Halbe in den Kopp.

Am Tisch saßen zwei Mädels die fremd waren. Natürlich habe ich gleich Attacke gefahren, kam aber nicht wie gewohnt zum Zuge. Musste mir ne Abfuhr eintüten, die sich auf mein unsauberes Äußeres bezog, ansonsten hätte ich wohl punkten können. Das konnte man doch ändern.

Also hab ich meine damalige Perle angerufen. Die mit einer Waschschüssel, Waschlappen, Seife und Klamotten in die Kneipe kam und mich am Tresen auszog. Ich bin nackt in die Schüssel gestiegen, habe weiter gesoffen, während mich meine Kleine gewaschen und danach angezogen hat. Als alles damit durch war, bin ich mit den beiden vom Tisch losgezogen.

Und über dreißig Jahre später, war es das, was ihnen als erstes durch den Kopf gegangen ist, als sie mich in der Wilmersdorfer Straße wieder erkannten.

Ein kleines bisken haben sie die Geschichte doch anders erzählt. Sie haben nischt davon gesagt, dass zwei von ihnen die beiden Schicksen waren, die mit mir losgezogen sind, sondern haben so getan, als hätten sie zufällig im PILSATOR gesessen und die ganze empörende Angelegenheit zwangsweise mitbekommen.

Die heimlich zugeschobene Handynummer hab ich dann weggeworfen.

*

# Kriminell

Ich denke, kriminell ist man und bleibt es. Ähnlich wie Schwul oder Kleptomane sein. Das kannst du nicht ablegen oder wegwerfen oder gar therapieren. Du kannst dich einfach nur entscheiden, ob du als Verbrecher leben willst … oder nicht. So einfach ist das.

Da gibt es keine Resozialisierung. Die Entscheidung triffst nur du irgendwann selbst.

Vielleicht ist das auch eine Gensache, so wie bei Polizisten, die der Gesetzgebung die Treue halten, auch wenn sie sich ändert. Geht ja neben der Gerechtigkeit auch noch um Gehalt und Pension.

Der Kriminelle glaubt an seine Energie und den schnellen Erfolg mit geringem Aufwand.

Ihm fehlt das gesellschaftliche Verantwortungsgefühl.

Das ist auch keine Frage von Gut und Böse. Das Empfinden geht dem Kriminellen ab. Und überhaupt, Gut und Böse gibt es doch gar nicht, genau so wenig wie Moral: Moral ist nur der Widerwille der momentanen Mehrheit.

Der Kriminelle selbst fühlt sich wie ein Raubtier, dass man aus dem Dschungel geholt und in einen Stadtpark ausgesetzt hat.

Was fehlt ist der natürliche Lebensraum für Kriminelle. Also das Leben unter Seinesgleichen. Mit eigener Rechtsprechung und eigener Strafverfolgung.

Da würde sich schnell die Spreu vom Weizen trennen, denn nicht jeder Straffällige ist ein Krimineller.

Vor die Wahl gestellt, auf der Insel mit Kriminellen leben zu müssen oder sich den sozialen Regeln der übrigen menschlichen Gesellschaft zu unterwerfen, wird sich mancher „harte" Junge ganz schnell sicherheitshalber für die bürgerliche Gesellschaft entscheiden.

Wenn du nur klaust, stiehlst, betrügst um auf Kosten anderer ein leichtes Leben zu führen, bist du noch lange kein Krimineller oder Verbrecher. Dann bist du höchstens ein fauler Sack, der sich mit kalkulierbarem Risiko durch das Leben lügt. Kriminell sein ist Veranlagung und ... als Verbrecher zu leben ist die Konsequenz daraus. Für das eine kannst du nichts, für das andere musst du selbst die Entscheidung treffen.

****

Viele Jahre nach meiner letzten Haftentlassung bin ich mit meiner Frau mit dem Auto zu einer Verabredung unterwegs gewesen. Wir führten ein angeregtes Gespräch. Es dauerte eine ganze Weile, bis meine Frau sagte: „Sag mal, wo fährst du eigentlich hin? Wir hätten schon längst abbiegen müssen?" Im ersten Augenblick sah ich sie verwirrt an. Dann fiel es mir auf.

Während unserer Unterhaltung war ich in Gedanken einem Geldtransporter gefolgt, hatte mir ein paar Details gemerkt und immer für genügenden Abstand gesorgt.

Ich hatte und habe nicht vor einen Geldtransporter zu überfallen, aber es muss so sein, als wenn ein Hund eine Witterung in die Nase bekommt.

****

Manchmal komme ich nachts aus dem Schlaf hoch und habe eine Hand in der Schublade von meinem Bett.

Meine Frau sagt, dass ich des Öfteren mit der Hand in der Schublade schlafe. Eine Angewohnheit von früher.

Allerdings sind dort heute nur meine Magentabletten, meine Brille und ein paar Taschentücher drin.

****

Ich bin kein Ex-Krimineller, sondern nur ein Ex-Verbrecher.

*

# Hure

Ein bisken laufen, ein bisken gehn
Mal wackeln, im Liegen oder stehn
Bei jedem Wetter, die ganze Nacht
So hat die Hure, ihr Leben verbracht

Die Freier befriedigt, in allen Wünschen
Den Luden verwöhnt, mit ihren Trümpfen
Stets Freude bereitet, und Party gemacht
Begehrt, umworben, die Königin der Nacht

Sie hat es getrieben, Nacht für Nacht
Ohne Lust und nur für Geld gemacht
Geliebt hat sie einen, ganz ohne Geld
der hat sie auf die Straße gestellt

Nun alt und hässlich, an Leib und Gesicht
Es folgt des Lebens hartes Gericht
Getreten verhöhnt, von allen verspottet
So stirbt sie einst, schon lebend verrottet

*

# Juli 2007

*Schätzcken! Ich habe mich letzten Sonntag sehr über Deinen Besuch gefreut. Das mit der Nase und den Augen geht wieder weg.*

*Ich habe mit Klaus gesprochen, Du kannst solange bei ihm in der Bar arbeiten ... So für eine Woche ...*

*Aber danach musst Du wieder raus.*

*Auf der Straße triffst Du doch immer noch am Besten, so geil wie Du aussiehst.*

*Wenn alles paletti geht, komm ich bald auf 2/3 raus.*

*Mir tickt da auch schon ne Idee im Kopf rum, was wir dann anders machen können.*

*Natürlich ist das Mist, dass der Kleine in der Klasse einem etwas aufs Maul gegeben hat. Aber auf der anderen Seite ist es auch gut, wenn er Dich verteidigt.*

*War eben ein blöder Zufall, dass Du beim Elterntag einen Deiner Stammfreier getroffen hast.*

*Da weißt Du für das nächste Mal, dass Du nicht jeden grüßen brauchst, den Du kennst!".*

\*

## Pritsche

Wie Peter zu dem Namen Pritsche gekommen war, wusste er schon nicht mehr.

Das lag eine Ewigkeit zurück. Seitdem hatte er sich auf der Straße hochgedient. Man fürchtete ihn.

Er war gehässig, gemein und von seinem Egoismus besessen. Was er einmal hatte, das gehörte ihm, war ihm untertan und nur noch Ware.

Pritsche hatte drei kleine Huren zu laufen. Sie standen auf der Straße und schafften für ihn an, bei jedem Wetter, egal wie mies sie sich fühlten. Sie waren Material, seine Geldmaschinen.

Er hatte ein Recht auf die Kohle. Er brauchte den Zaster für seinen Merc, für die Parties, die teuren Uhren, das Gold, zum Zocken und für die anderen Prachtweiber.

Pritsche hatte einen harten Ruf, bei den Frauen, wie bei den Männern. Er gehörte zum Kern der Luden. Eines seiner eisernen Gesetze war: Man betrügt Pritsche nicht!

Irgendwann hatte Pritsche das untrügliche Gefühl, dass seine Einnahmen zurückgingen und das, obwohl keine Flaute auf dem Kiez zu spüren war.

Er machte sich keine Notizen über die täglichen Umsätze seiner Bräute, aber sein Instinkt sagte ihm: Hier stimmt etwas nicht. Er wurde aufmerksamer.

Pritsche kam zu der Ansicht, dass es Giselle war, die nicht mehr so ertragreich anschaffte.

Er redete mit ihr – drohte ihr – vertrug sich wieder mit ihr. Dann ließ er Giselle ein paar Tage in Ruhe.

Pritsche entschloss sich ihre Loyalität zu testen.

Er markierte ein paar Scheine, schickte getarnte Freier los, die eine Nummer mit Giselle schoben.

Es dauerte eine Woche, bis bei der Abrechnung im Morgengrauen einer der Scheine nicht in der Kasse bei Giselle auftauchte, und das obwohl der angebliche Freier sich erst vor einer Stunde von ihr hatte bedienen lassen: „Für  nen  Fuffi, mitm Mund".

Die Mädels hatten während ihrer Schicht keine Gelegenheit Geld in bar auszugeben. Zigaretten, was zum Trinken oder einen Happen zu essen gab es für sie bei Werner in der Pimmelbude, wie die Kneipe im Kiez hieß. Dort rechnete Pritsche auch mit seinen Hühnern ab und bezahlte bei Werner die Zettel der Nacht. So hatte er einen Überblick darüber, was die Mädels verbrauchten und wie oft sie pro Schicht im Stall gewesen waren.

Wo also war der Schein geblieben?

Natürlich zuckte Giselle ahnungslos mit den Schultern, als

Pritsche sie in sein Apartment holte und in die Wanne stellte. Vor Schreck und Schmerz urinierte sie in ihr Höschen, als der Schlag mit der flachen Hand unvermittelt ihre Leber traf. Pritsche ließ sie nicht lange nach Luft schnappen. In ihm stieg die Gewissheit hoch, dass er recht hatte – und das steigerte seine Wut.

„Bloß keine Verletzungen", ermahnte er sich selbst, " nicht mit dem Siegelring in die Fresse". So schlug er ihr mit dem Ellenbogen auf den Kopf.

Wie ein waidwundes Reh brach Giselle in die Knie. Sie wimmerte, stöhnte. In ihrer Angst klammerte sie sich an die Hoffnung, dass er ihr doch irgendwann glauben muss, wenn sie den Betrug beharrlich abstritt.

Pritsche hatte das Telefonbuch geholt. Damit hinterlässt man keine Spuren. Mit der flachen Seite schlug er Giselle systematisch zusammen.

Endlich gab sie auf. Sie gestand, ihn betrogen zu haben, um aussteigen zu können. Sie verriet ihm ihren Geldbunker. Sie flehte ihn an, ihr zu verzeihen. Sie würde noch mehr ackern, noch mehr anschaffen, wenn er mit der Quälerei aufhört. Giselle sagte ihm, dass es ihr leid tut, dass sie jetzt wieder weiß, wie gut sie es bei ihm hat.

Der Zorn über den Betrug ließ Pritsche taub sein. Außer sich vor Wut schlug er ihr in die Kniekehlen. Sie stürzte wieder in die Wanne. Er drosch ihr das Telefonbuch so auf das Ohr, dass sie mit der anderen Seite ihres Kopfes gegen die Armaturen schlug. Noch drei Mal hämmerte er ihr das Buch an den Schädel. Dann blieb sie der Länge nach in der Wanne liegen. Er stellte das kalte Wasser an und rief seine beiden anderen Huren.

„Macht Giselle fit, morgen geht es wieder auf die Piste".

Giselle schaffte in den kommenden Tagen nicht einen Pfennig an. Sie hatte jede Kontrolle über ihre Blase und ihren Darm verloren, sie stand teilnahmslos herum. Man musste sie überall hinführen, ihr alles sagen oder vormachen. Monoton wiederholte sie: „Ich mach es wieder gut." Pritsche setzte sie im nahe gelegenen Park aus. Dort wurde sie aufgegriffen und kam in ein Pflegeheim.

Er fluchte noch lange. Da hatte er so aufgepasst, musste aber trotzdem diesen Totalverlust beklagen, mal ganz abgesehen von dem Spott seiner Kumpels, die ihn fragten ob er nun kürzer treten muss, nachdem sein Geschäft zu einem Drittel den Bach runter war.

„Wartet nur ab", dachte Pritsche und lächelte charmant Brigitte zu, die er vor 3 Tagen kennen gelernt hatte

\*

## Reue, Gewissen

In einigen Interviews oder in den Gesprächen an verschiedenen Schulen bin ich oft gefragt worden:

„Bereust du deine früheren Taten!" Obwohl sie immer provozierend ist, bleibt meine Antwort ehrlich: „Das würde ein Gewissen voraussetzen!"

Das lasse ich mir auch von niemand einreden.

Dieser postale Wunsch nach Selbstreinigung und erneuter Unschuld ist nichts weiter als der Ärger darüber, eine Gelegenheit verpasst oder versaut zu haben.

Aber egal was du früher getan hast und heute tust. Du bleibst das Schwein von früher und du bist der Mensch von heute. Wie Jekyll und Hyde.

Das gilt für die ehemaligen Steineschmeisser, Polizistenverletzer und Politiker von heute genauso, wie für den alten Kiffer, der seine Kinder jetzt vor Drogen warnt und für den Ex-Gewaltverbrecher, der in der Gewaltprävention engagiert ist.

Reue und Gewissen werden von denjenigen verlangt, die dich klein und devot halten wollen, bist du deren eigene Leiche im Keller entdeckt hast. Dann wirst du erfahren, wie unterschiedliche diese Begriffe interpretiert werden.

Reue und Gewissen sind der Anfang von Selbstvorwürfen, Selbstzweifeln und Depressionen. Mach dich damit nicht fertig. Tu einfach die Dinge, die du Scheiße findest, nicht noch einmal. Das genügt. Dann bist du auf dem richtigen Weg, nämlich deinem Weg.

Ich bereue nichts in meinem Leben.

Würde ich das tun, kann ich mir gleich eine Kugel in den Schädel jagen. Denn was anderes, als ein Schuldgefühl soll aus Reue und Gewissen erwachsen?

Und gibt es nicht jeden Tag etwas Neues zu bereuen?

Immer gemessen daran, was die andern wollen.

Manches würde ich heute nicht mehr tun, aber doch nicht aus einem schlechten Gewissen heraus oder weil ich es bereue. Nee. Ganz einfach, weil ich manche Dinge heute nicht mehr leisten kann, weil ich eine andere Persönlichkeit geworden bin und sich meine Perspektiven verändert haben. Und weil ich Gefahren, Auswirkungen und Konsequenzen besser einschätzen kann.

Reue? Nein!

Ich bin doch nicht verrückt und rede mir selbst ein, dass mein eigenes Empfinden für einen Teil meines Lebens gar nicht echt war: Das gilt für die bitteren Stunden, wie für die lustigen Stunden.

Was sollte ich denn daraus für ein Fazit ziehen? Das ich mich in meinen eigenen Gefühlen geirrt habe? Und gar nicht der bin, der ich heute bin?

Hee, ihr Moralapostel, daraus wird nichts.

Ich bin heute die Summe aller Ereignisse aus meinem Leben und ich bin damit zufrieden.

*

# Chantal

Sie wollte reisen und so vieles erleben
Mutig sein und nach Freiheit streben
Sie war dann allein, in der großen Stadt
Dann traf sie Sven, der ein Zimmer hat

Hey Kleine, komm ruh dich mal aus
Hey Kleine, hier bist du zu Haus

Sie war so glücklich und lernte ihn lieben
Sie wollte ein Kind von ihm kriegen
Sven wollte gerne, aber er war grad pleite
Es geht nur, wenn sie für ihn arbeite

Hey Kleine, hör auf mich mein Schatz
Hey Kleine, ich such dir 'nen Platz

Sie ist nicht mehr Gabi, sondern Chantal
Sie ist von vielen, die Beste im Stall
Sven nimmt das Geld und passt darauf auf
Er spart für sie beide, das weiß sie genau

Hey Kleine, es ist nur für ein Jahr
Hey Kleine, wir sind doch ein Paar

In Regen und Sonne, in Freude und Trauer
So stand sie noch Jahre an der Mauer
Sven hat was Frisches, ist von ihr gegangen
sie hat sich heute morgen aufgehangen

Hey Alte, machst mich krank
Hey Alte, ist das dein Dank

# November 2007

*Meine Kleene, nix ist mit vorzeitiger Entlassung. Und die Klotz-köppe schreiben mir in die Begründung, ich sei gewalttätig. Was sagst Du denn dazu? So ein Quatsch. Das heißt, ich muss die letzten zwei Jahre doch abmachen, ausgerechnet jetzt, wo der V-Mann dem Wassili die Mine gelegt hat und sie ihn aus dem Verkehr gezogen haben.*

*Das gibt bestimmt Theater aufm Kiez und auch hier drin braut sich was Fettiges zusammen.*

*Halt Dich an Micha.*

*Und bleib gerade.*

*Kann sein, dass die Bullen da Zeck machen oder dass ein paar Neue auflaufen, die den Talon übernehmen wollen.*

*Ich seh zu, was ich von hier aus schubsen kann.*

*Süße, nun sind es doch noch zwei Jahre. Tut mir leid. Ich will Dich endlich mal wieder in den Arm nehmen.*

\*

## Gauner

Bin ein Jäger, streif durch die Nacht
Hab für Geld schon alles gemacht
Hab gestohlen, wann es mir gefällt
Und Mädels auf die Straße gestellt

Geld eingetrieben, ich war dabei
Beim Zocken verloren, war einerlei
Geraubt, geprügelt bis die Erde bebt
Das Dasein auf der Klinge gelebt

Mit der Kanone in der Hand
Mit dem Rücken an der Wand
Lebe so, Tag für Tag
Ohne Reue bis ins Grab

Ich ward gesucht und ward verhasst
einmal haben sie mich doch gefasst
Zusammen gesessen, bei Wasser und Brot
geteilt die Kippen, geteilt die Not

zurück ins Leben, zurück zum Start
das Leben ist kurz, das Leben ist hart
es kommt wie es muss, es ist mein Geschick
es endet auf der Straße mit starrem Blick

*

# Gewalt

Ohne Gewalt keine Macht. Ohne Macht kein Mittel gegen die Gewalt.

Hört sich doch toll an, oder? Es bedeutet letztendlich nur, dass du Gewalt anwenden musst, wenn du die Macht haben willst, um an der Gewalt etwas ändern zu können.

Gewalt selbst ist, meines Erachtens, nicht verwerflich, schließlich existieren wir nur über die Gewalt und versuchen dann gewaltfrei zu leben, wenn es uns gut geht … ohne Rücksicht darauf, was das dann für andere für Konsequenzen hat.

Ohne Gewalt geht nichts. Oder weiß einer von euch, wie wir uns gewaltfrei ernähren sollten? Irgendjemand und irgendetwas tun wir immer Gewalt an.

Bei meinen Besuchen an Schulen zum Thema Gewalt geht es natürlich vorrangig um die verbale und körperliche Gewalt untereinander und da höre ich immer wieder: „Gewalt ist keine Lösung!"

Ich pflege an der Stelle zu sagen: „So ein Quatsch, natürlich ist Gewalt eine Lösung, … es kommt immer darauf an, was du lösen willst!" Und die Schüler geben mir Recht.

Auf meine Frage, warum sie diesen Spruch dann sagen, lautet die Antwort: „Na, ihr Erwachsenen wollt doch so etwas hören!"

Körperliche Gewalt ist eine Form von Lösung, und zwar radikal, konsequent und direkt. Ohne einen Zweifel an der Forderung und ohne hinterhältiges Kleingedrucktes.

Glaubt denn irgendjemand daran, heutzutage einen Jugendlichen mit der Redensart „Der Klügere gibt nach" zu einer friedlichen Lösung bewegen zu können?

Der sollte den Spruch aber auch bis zum Ende überdenken, der lautet:

„Der Klügere gibt nach, bis er der Dümmere ist!"

Also, gebt endlich zu, dass Gewalt eine Kommunikationsform ist, die zwar leider wieder auf dem Vormarsch ist, aber auch latent in jedem von uns steckt.

Und das natürlicher, als irgendein religiöser Glaube oder eine politische Ideologie. Die benutzen die vorhandene Gewalt nur für ihre Zwecke. Wie sagte ein Pazifist: „Verdammt, wenn ich könnte, dann würde ich diese verdammten Kriegstreiber alle erschießen, dann wäre Frieden!"

Wenn wir uns darüber einig werden können, dann können wir auch über die Probleme aus einer Gewaltlösung sprechen. Denn die wichtigste Frage ist: Kann ich mit den Konsequenzen aus einer Gewaltlösung leben?

Und diese Frage gilt für Opfer, Täter und Zuschauer gleichermaßen. Das zu klären und ins Bewusstsein zu holen bedeutet Prävention … Und nicht einige völlig hirnrissige Phrasen, Slogans und Schlagworte, die mehr Öl ins Feuer gießen als es zu löschen. Oder halten Sie Schläger generell für dumm und geistig unterbemittelt?

Wenn das so ist, dann sind sie in einer gefährlichen Sackgasse.

Gewalt ist geil! Gewalt ist ein Suchtmittel. Und wie jedes Suchtmittel birgt es die Gefahr von Abhängigkeit. Gerade die körperliche Gewalt hält eine gefährliche Einstiegsdroge bereit – den ersten Sieg und die erste Niederlage.

Du willst immer wieder das Hochgefühl des Sieges auskosten, die Bewunderung und die Angst in den Augen der anderen noch einmal genießen.

Genauso willst du die Niederlage wieder wettmachen und die Anerkennung der anderen zurückgewinnen.

Wer sich auf das Spiel mit der Gewalt einlässt zahlt immer seinen Preis. Entweder in Jahren, körperlich oder in bar. Entweder durch Verachtung oder mit Isolation.

ABER wer von der Suchtdroge Gewalt nicht lassen kann, der wird letztendlich an ihr selbst zugrunde gehen.

Zu manchen Zeiten habe ich die Furcht anderer Menschen mit Bewunderung verwechselt und ihre schleimige Anbiederung mit Freundschaft.

\*\*\*\*

Meine damalige Parterrewohnung beleuchtete ich mit Petroleumlampen von einer Baustelle, weil der Strom abgestellt war. Zum Essen gab es nichts, der Hunger wurde mit Alkohol ertränkt.

Neue Klamotten zum Anziehen hatte immer der, der als erster wach wurde und sich an der herumliegenden Kleidung bediente, die nach einer Orgie noch nicht zu ihrem Eigentümer zurückgefunden hatten.

Für mich war mein Leben voll geil, aber für die Nachbarschaft war ich ein Penner, ein Schnorrer, ein gefährliches Insekt. Doch es gab etwas, das mich aufwertete – meine Gewaltbereitschaft.

Wegen ihr stimmte man mir ständig zu, spendierte Alkohol und Zigaretten, tat so, als wüsste man nicht, dass ich ihre Frauen vögelte und rückte auch freiwillig mal den einen oder anderen 50er rüber. Und genau darin liegt die Verführung.

Ich bin alles andere als ein Brocken oder ein Schrank von einem Kerl, aber ich habe mit einer ständigen Wut und einem immer wachen Hass gelebt. Und das hat es ausgemacht. Wenn meine Kumpels und ich in die Kneipen in unserem Kiez kamen, war klar, dass Streit in der Luft lag.

Und wir haben es genossen, wenn man uns einlud, wenn der brave Familienvater damit prahlte, dass er uns kannte und mit uns zusammen sitzen durfte, wenn auch nur solange, wie er die Getränke bezahlte.

Was für ein Leben! Wir hielten Hof in unseren dreckigen Klamotten, belustigten uns offen über die Narren und nahmen Huldigungen und Geschenke selbstgefällig an.

Wenn es nicht lief, gab es was aufs Maul.

Aber wir trafen auch auf Gleichgesinnte und dann mussten wir ran, mussten unter Beweis stellen, dass wir den Ruf verdienten, der uns voranging.

Wir trafen auf mutige Männer, die sich unsere Diktatur nicht gefallen ließen. Einfache gerade Männer, die ebenso stark und hart wie wir selbst waren.

Wir sind nicht immer als glorreiche Helden vom Schlachtfeld gegangen. Das gibt es nur im Fernsehen. Wir sind oft genug wie geprügelte Hunde humpelnd davongezogen. Wer die Birne hinhält, der muss auch damit rechnen, dass sie geschält wird.

Da hat es manchen Krankenhausaufenthalt und manchen Arztbesuch gegeben. Manche Tage, bewegungslos im Bett, mit angebrochenen Rippen, Blutergüssen und Prellungen. Zähne die lose waren und ne Unterlippe, groß wie ne Untertasse. Leck mich am Arsch!

Aber das war es wert gewesen. Das Hochgefühl eines Sieges, der Triumph gefürchtet zu sein und die Unterlegenheit der anderen zu spüren, dass war drei Niederlagen wert.

Und wenn ihr jetzt, ganz tief in euch drinnen eine aufkommende Scheiß-Wut auf mich spürt, dann ist das euer Potential an Gewalt, was da schlummert. Denk mal darüber nach!

Heute?

Heute habe ich eine ganz andere Meinung zu den Dingen, denn ich habe die Konsequenzen aus der Gewalt erlebt. Nicht nur meine eigenen, sondern auch die, die für andere daraus entstehen. Ich warne jeden davor, sich über Gewalt zu identifizieren. Das ist nur für den Augenblick und Gewalt ist ein Bumerang.

Gewalt als Kommunikationsmittel und als Persönlichkeitsfaktor ist absolut wertlos.

Aber – verleugnet nicht die Normalität der Gewalt im menschlichen Dasein. Verschwendet nicht eure Kraft in der Diskussion ob Gewalt normal ist oder nicht. Sie ist es. Akzeptiert ihr Vorhandensein und lernt ihr Energiepotential zu nutzen und zu beherrschen. Habt Respekt vor der Gewalt.

Ich warne dich, du kommst kaum davon wieder los und kämpfst täglich gegen eine Sucht an, die für immer in dir bleibt. Mach dich nicht zum Gewalt-Junkie.

Arbeite stattdessen mit an der Aufgabe, einen verantwortungsvollen Umgang mit der Gewalt zu lernen.

*

# Tauschgeschäfte

Auf unsere Wohnungseinrichtungen haben wir nie viel Wert gelegt. Die konnten wir jeden Sommer aus den riesigen Sperrmüllhaufen, die immer wieder am Straßenrand zum Abholen bereitlagen, aufmotzen. Wurde es im Herbst langsam kühler, verheizten wir sie im Ofen.

Alkohol wärmt nur bedingt, so dass es an manchen Wintertagen schon recht kalt in der Hütte war.

Da halfen auch Decken, dicke Jacken und Mäntel nischt.

Wenn erst einmal Eisblumen innen an den Fenstern sind, dann ist es wirklich arschkalt.

In der Nehringstraße, neben der Kneipe von Werner, der mit

dem Holzbein, gab es einen Kohlenladen. Ich glaube der hieß Kowalski oder so. Die Kohlenluden waren nicht gerade welche von der feinen Sorte und ließen keinen Streit aus. Das machten wir uns zu nutze.

So rafften wir uns gelegentlich auf, pöbelten in den Kohlenhof hinein und bauten den Streit weiter aus, in dem wir Stöcke und Steine in den Hof schmissen.

Da konntest du drauf warten, bis die Kohlenpacker sich mit Briketts und Eierkohlen zur Wehr setzten.

Das reichte uns, um die Bude mal anständig durchzuheizen.

*

# Schreibtischtäter

Hin und wieder sind wir angerufen worden, um Streitigkeiten zwischen Gastronomen bei zu legen.

Günter „Günni" Weinbein hat mal ein solches Telefonat entgegengenommen und die Namen durcheinander gebracht, was zur Folge hatte, dass wir das Lokal des Auftraggebers zerlegt haben.

Für ein paar Wochen hat das unserem Ruf der Zuverlässigkeit geschadet und Günni war sichtlich geknickt.

*

# Die Tür

Rhythmen, Dance, du lässt dich sehn
Heiße Küsse, du willst nicht gehn
wildes Gedränge, im Tempel der Lust
ich sag dir, wann du gehen musst

Ich steh an der Tür, die ganze Nacht
Was willst du, ich bin hier die Macht

Es kam, wie es kommen muss
Einer der Spinner sucht immer Verdruss
Machte den Breiten, machte den Harten
Ich schlug zu, hielt sauber den Garten

Tu nur meine Arbeit, wie auch du
Sei nicht böse, hör mir doch zu
Es ist mein Job, bitte verstehe mich
Bin nur ein Mensch, wie du und ich

Nun sitz ich hier, was kann ich dafür
Verbringe Monate hinter dieser Tür
Tat nur meinen Job in jener Nacht
Der Schließer tut seinen, aber er lacht

Er steht an der Tür, hält hier die Wacht
Was will ich denn, er hat hier die Macht

Tu nur meine Arbeit, wie auch du
Sei nicht böse, hör mir doch zu
Es ist mein Job, bitte verstehe mich
Bin nur ein Mensch, wie du und ich

*

# April 2008

*Liebling, ist schon oke, wenn Du Angst hast. Am Besten fährst Du mit dem Jungen für 14 Tage weg und lässt Dir dabei gleich die Titten machen.*

*Du weißt ja, wie ich sie gerne mag.*

*Wenn Du zurück bist, hat sich alles beruhigt.*

*Mann, wer legt denn auch schon Klaus mitten in seinem eigenen Restaurant um ….*

*Solche Spasten bringen nur die Schmiere nach vorne. Dreck.*

*Ich stricke hier schon daran herum, um eine Möglichkeit zu haben, dass Du runter von der Straße kommst.*

*Aber jetzt musst Du noch richtig packen, ohne Penunse läuft da nichts.*

*Pass auf den Kleinen auf, es ist nicht gut, wenn er soviel alleine ist.*

\*

## Der Boss

Hochgedient mit Härte, bis an die Spitze
Bestimm er heute Muskeln und Schlitze
Er kassiert in den Bars und Diskotheken
Schickt seine Jungs, zu holen die Moneten

Wohnt in ner Villa, fährt nen dicken Schlitten
Finanziert mit Angst, Gewalt und dicken Titten
Mit dem beschuhten Fuß und Baseballschläger
Mit Bestechung bei Amt- und Würdenträger

Ich bin der Boss
In meinem Schloss

In diesem Netz
Ist mein Wort Gesetz

Seine Faust, warf einen großen Schatten
In der zweiten Reihe nährten sich die Ratten
Fühlte sich mächtig, der König der Nacht
Gestern war es, da haben sie ihn plattgemacht

Er war der Boss
In seinem Schloss
Nun, ganz ohne Stolz
Liegt er in einer Kiste aus Holz

\*

# Verantwortung

Was fürn Scheiß. Es hängt mir zum Halse heraus, für was ich alles Verantwortung übernehmen soll.

Für die Umwelt, für den Weltfrieden, für die Armut, für die Hungernden, für die Schwachen, für die Kranken, und vor allem für die Vergangenheit und für die Zukunft, inklusiver der bisher vergangenen Verbrechen und einschließlich aller zukünftigen Lebensgrundlagen.

Ehrlich? Das geht mir am Arsch vorbei. Ich kann es nicht mehr hören.

Wo bleibe denn ich dabei. Ich bleibe vor aller Verantwortung gramgebeugt und am Besten den Blick schuldbewusst zu Boden gerichtet, damit ich nicht die erkenne, die mir diese ganze Verantwortung aufgebürdet oder zugesprochen haben. Darauf habe ich keinen Bock.

Ich übernehme nur für mich Verantwortung. Für mich, mein Leben und meine Taten. Ich muss mein Leben, wenn überhaupt nur denjenigen gegenüber verantworten, die es mit mir direkt geteilt haben. Ob bei flüchtigen Begegnungen oder über eine längere Zeit.

Das ist die einzige Verantwortung, zu der ich freiwillig bereit bin, wenn überhaupt.

Zuerst soll ich die Verantwortung für die vergangene Geschichte übernehmen, dann dafür, dass ich ein produktives Mitglied in der Sozialgemeinschaft werde, dann für die Zukunft der Kinder und zum Schluss bin ich verantwortlich für meine Alterversorgung.

Alles nur Quark, denn Verantwortung heißt Pflichten übernehmen und zu funktionieren.

Und huch, was für meine Überraschung, mein Leben ist vorbei. Vor lauter Verantwortlichkeit konnte ich es gar nicht leben. Und alles nur, weil mir ein paar Scharlatane und Bonzen weismachen wollen, sie haben die alleinseligmachende Wahrheit gepachtet.

Lasst euch eins sagen, der Mensch lebt und stirbt alleine, es steht lediglich in seiner Macht sein Leben und seinen Tod mit einigen wenigen zu teilen.

Ich übernehme nur Verantwortung dort, wo ich stark bin und wo ich es will. Außerdem nur für diejenigen, die es mir wert sind.

Ich lasse mir keine Verantwortung verordnen, schon gar nicht von Leuten, die selbst keine übernehmen. Verantwortung tragen heißt auch Konsequenzen tragen.

Also bleibt mir gestohlen damit, dass ich die Verantwortung für die Geschichte habe und dafür, dass ich die Verantwortung für die Zukunft habe. Denn ich habe weder für die Vergangenheit, noch für die Zukunft irgendwelche Rechte inne, also trage ich auch keine Pflichten.

Verantwortung verordnet zu bekommen ist eine Fessel, Verantwortung freiwillig zu übernehmen ist eine Zügel.

\*

# Unter Brüdern

Ich habe dich geschlagen, warst nicht mein Freund,
Ich hab dich betrogen, hat mich nicht gereut,
Du hast mich getreten, voller Hass und Wut,
Du hast mich belogen, Du hattest den Mut

Hab dich gesehen, warst nicht mein Feind,
hab mich geirrt, bin jetzt bereit,
Du hast mich gezwungen, dargeboten die Hand,
hast einfach gegrinst, wie ewig bekannt.

Manchen Kampf bestanden, viel Feind viel Ehr
Kameradschaft geschworen, was will man mehr
gegenseitig nicht verraten, auch nicht vor Gericht,
Den Verrat liebt jeder, den Verräter nicht

Du suchtest Familie, es gab kein Zurück
Es war dir gegönnt, du fandest dein Glück
Hab es zu spät erfahren, es holte dich ein
Ein Messer traf dich, da warst du allein

Unter uns Brüdern, am Ende der Leiter,
bist nicht gegangen, nur einen Schritt weiter
Unter uns Brüdern, eine Frage der Zeit
Sind nicht getrennt, einst wieder vereint

*

# Freundschaft

Freundschaft ist ein großes Wort und keiner kann es wirklich erklären. Und da es keiner wirklich erklären kann, wie soll es dann jemand leben können?

Der Begriff der Freundschaft kann nur individuell dargestellt und persönlich interpretiert werden.

Freundschaft sollte nichts fordern und nichts erwarten. Sie ist eine Sympathiebekundung zu einzelnen Menschen. Aber sie sollte keine Verpflichtung und keine Erwartungen wecken oder abverlangen. Sobald sie das tut, kommt die Freundschaft an ihre Grenzen. Freundschaft ist freiwillig. Das Wort „Freundschaftsdienst" hat für mich einen ganz bitteren Beigeschmack.

Ein Freund bringt einen anderen nicht in die Klemme, in dem er einen Beweis der Freundschaft verlangt. Unter Freunden wird freiwillig geholfen. Es kann ja sein, dass der Freund nicht in der Lage ist, helfen zu können. Ihn aber dann unter Druck zu setzen, in dem ich Hilfe verlange, ist kein Zeichen von Freundschaft.

Freundschaft bedeutet auch nicht, dass man sich regelmäßig sieht. Sie ist ein Gefühl im Inneren, das zu nichts bereit sein muss, außer einem Menschen zu zeigen, dass man ihn mag. Dabei kann sie mehr ausdrücken, wie alle Versprechen und Beteuerungen.

\*\*\*\*

Christian Z., ein Weggefährte aus den rauen Tagen, hatte ich ewig nicht mehr gesehen, bis ich ihn zufällig am Sophie-Charlotte-Platz in Berlin wieder traf.

Nachdem üblichen: „Mensch, Alter, du hier … ?" und den Begrüßungsritualen, setzten wir uns in ein Café.

Christian erzählte mir, dass er eine Gerichtsverhandlung erwarte und sich, auf Grund seiner Vorstrafen, auf eine mehrmonatige Freiheitsstrafe gefasst machen konnte.

Nachdem er mir die Umstände seiner Verhaftung erklärt hatte, der er sich mit fremder Hilfe hätte entziehen können, rutschte mir spontan raus: „Du Idiot, warum hast du nicht angerufen?"

Christian schaute mich einen Augenblick lang an: „Sollte ich dich da mit reinziehen? Wenn es schiefgegangen wäre, würden wir beide sitzen. Du hast doch seit zig Jahren mit dem ganzen Kram nichts mehr zu tun."

Für einen Moment wollte ich mich aufspielen: „Aber, ich …!"

Christian grinste: „Schon gut. Ich weiß was du meinst. Aber es wäre kein geiles Gefühl für mich, jeden Tag einem Freund im Knast zu begegnen, den ich da hinein gebracht habe."

Ich schluckte. Und nachdem ich eine Weile darüber nachgedacht hatte, war ich ihm dankbar, dass er mich nicht angerufen hat, als er in der Brenne gewesen war.

# Oktober 2008

*Meine Süße, der letzte Sondersprecher beim Pfaffen war ja wirklich klasse. Und Du hast dir da ein paar Super-Glocken machen lassen.*

*Fand ich auch riesig vom Paster, dass er mal für ne Viertelstunde telefonieren gegangen ist …*

*Ach so, ich kann von Micha das „PIK AS" kriegen. Da brauche ich aber noch ein paar Mill … wegen der Anzahlung und der Kaution. Aber Micha kommt uns da entgegen.*

*Dann bist Du runter von der Straße und wir beide stehen nur noch am Tresen. Sind ganz solide Gastronomen. Was sagst Du nun? Damit hast Du nicht gerechnet – oder? Wir lassen alles hinter uns und sind nur noch Boutiquer.*

*Der Laden wird laufen, uns kennt doch jeder auf dem Kiez.*

*Jetzt aber erst einmal das Startkapital.*

*Aber mit Deinen neuen Hupen wird das kein Problem sein … Also klotz mal ran … Mann, fühlen die sich geil an …*

\*

## Ich will dich

Dein Begehren … Mein Verlangen …

Dein Gang ist pure Lust
Dich zu sehen ein Genuss
Mein Verstand setzt aus
Wie komm ich da raus

Wenn jetzt nicht einer geht
Ist es für uns zu spät
Wenn du dich bewegst,
das Verlangen sich regt

Sex ist ein Motor, Sex ist eine Macht
Ich rieche dein Begehren, in der Hitze der Nacht
Dein Atem so schwer,
ich will noch mehr
Kann es selbst nicht fassen,
kann nicht von dir lassen

Geb dich hin, nehme mich
Mehr davon, ich fühle dich
Salzig schmeckt dein Schweiß
Deine Haut, sie brennt so heiß

Ich seh dein Gesicht
Ich spür dein Gewicht
Nichts kann uns trennen
Ich will mit dir verbrennen

Sex ist ein Motor, Sex ist eine Macht
Ich rieche dein Begehren, in der Hitze der Nacht
Dein Atem so schwer,
ich will noch mehr
Kann es selbst nicht fassen,
kann nicht von dir lassen

# Dezember 2008

*Meene Süße, gestern waren sie bei mir in der Zelle. Vier Mann olé. Ich hab keinen erkannt, ging viel zu schnell. Weiß auch nicht warum.*

*Haben mich vielleicht verwechselt. Mehr kann ich nicht dazu schreiben.*

*Ist besser, wir lassen den Sprecher mal für 4 Wochen ausfallen, ich seh richtig scheiße aus. Aber mach Dir keinen Kopp, alles soweit im Lack. Das Loch im Kopf heilt wieder zu und der Rest wird hier intern geregelt. Bleib Du da auf Deinem Wackel …*

*Da ist noch alles oke?*

*Ist man mit 54 schon alt?*

*Es ging alles ratz fatz. Mann, waren die schnell und hart. Ohne eine Frage, ohne eine Ansage. Tür auf und es ging gleich zur Sache.*

*Was mich total überrascht, ist, dass mir jetzt der nötige Antrieb fehlt, der Hass von früher, die Sache wieder gerade zu rücken.*

*Erst einmal wieder auf die Beine kommen.*

*Bin ich ausgebrannt? Bin ich noch derselbe?*

*Willst Du mich so? – Du warst immer so stolz auf meine Muskeln!*

\*

## Revolvermann

Der Hut sitzt tief im Gesicht
Unter der Achsel das Gewicht
Sind Freunde, auch in der Not
Ihr Geschäft, das ist der Tod

Ohne Gesicht und ohne Namen
Niemand weiß, woher sie kamen
Der Mann mit dem Freund aus Eisen
Ständig unterwegs, immer auf Reisen

Sie sind gebucht in einer Stadt
Die für sie keinen Namen hat
Sie sind perfekt, der schnelle Schuss
Der letzte Gruß, der stählerne Kuss

Einsam im Hotel, auf dem Zimmer
Streichelt er sie, zart wie immer
Er ölt sie ein und füllt die Kanone
Mit einer glänzenden Patrone

Revolvermann du kommst und gehst
Bis auch du einmal auf der Liste stehst

\*

# Tod

Dem Gevatter Tod bin ich schon einige Male von der Schippe
gesprungen oder er hat mich wieder runter geschmissen, so genau weiß ich das nicht. Es waren jedes Mal gewalttätige Au-
genblicke.

Von daher bin ich zu der Überzeugung gekommen, dass man
keine Angst vor dem Tod hat, sondern nur vor dem Sterben.

Und dazu immer diese Ungewissheit, was danach kommt?

Ich für meinen Teil werde wohl nach unten kommen, schätze,
da habe ich die meisten Bekannten.

Ob nun der Tod ein Ende ist oder ein Neuanfang kann ich
nicht sagen, ich kenne keinen, der schon einmal tot war. Jedenfalls keinen Lebenden.

\*\*\*\*

Nach einer Messerstecherei in den Siebzigern haben noch 43
Sekunden gefehlt und man brauchte 16 Transfusionen um mich

durchzubringen. Ich hab alles mitbekommen. Wie ich da lag, wie das Blut aus mir herauspulste und wie das rote Meer um mich herum immer größer wurde. Ich hörte die Kumpels, die mich für tot hielten und es bedauerten, weil ich doch so ein feiner Kerl „gewesen" war.

Ich wusste, dass ich starb. Aber es war nicht so schlimm. Der einzige Gedanke der mich wirklich bewegte war die Enttäuschung darüber, dass mich dieser kleine Drecksack dreimal mit dem Messer erwischt hatte. Es war die Enttäuschung darüber, so kläglich auf dem dreckigen Boden einer Berliner Imbissbude zu verrecken. Sang- und klanglos. Der Tod war oke, aber warum war er so klein und unbedeutend?

****

Der Tod selbst macht mir keine Angst. Ich habe ein geiles Leben gehabt und immer das gemacht was ich wollte. Gibt es etwas Schöneres?

Ich glaube das ist es, was wichtig ist. Du musst mit deinem Leben zufrieden sein, dann kannst du auch mit dem Tod Freundschaft schließen.

Suche keinen Sinn im Tod oder darin wie jemand stirbt. Das macht nur unsicher. So wie es keinen Grund dafür gibt warum jemand, wo, geboren wird, so gibt es keine Begründung dafür, warum jemand, wann, wie stirbt.

Nicht den Tod zu meistern ist die Aufgabe des Lebens, sondern mit seinem Leben zufrieden zu sein, nach den Maßstäben die man sich selbst setzt.

****

Mit 41 habe ich meine Beerdigung geregelt, so dass meine Frau, wenn ich den Arsch zukneife, nur noch ans Telefon zu gehen und „Abholen" zu sagen braucht.

14 Tage später werden ihr die sieben notwendigen Ausgaben

der Sterbeurkunde ausgehändigt. Das war es. Ich will kein Grab. Soll meine Frau sich im hohen Alter bei Eis, Schnee und Regen zum Friedhof quälen? Vielleicht noch auf mich schimpfen, weil der alte Sack sie hinaus in das Scheißwetter zwingt? Nein, da möchte ich lieber, dass sie zu Hause an dem Foto von mir sitzt und lächelt: „Das war ein toller Kerl!"

Ich möchte eine gläserne Urne, auf der Rückseite der Liedtext von „Paradise City" (Guns & Roses) eingraviert. Auf dem Deckel, mein Ehering, meine Halskette und meinen silbernen Hund (Schnauzer). Ein Fensterplatz wäre schön, wenn möglich gegenüber einer Mädchenhaushaltsschule.

****

Und gönnt den Toten ein bisken mehr Freude. Jammert nicht und beklagt euch nicht, denn das tut ihr ja nicht um der Toten willen, sondern darum, weil es die Tradition vorschreibt, die Gesellschaft es von euch erwartet und ihr euch selbst bemitleidet.

Aber denkt ihr auch an den armen Toten, der sich nun mit Selbstvorwürfen im Jenseits plagt, wenn er euch heulen sieht? Die arme Seele wird sich damit quälen, dass sie gestorben ist und euch so jämmerlich zurückgelassen hat.

Also feiert, tanzt, seit lustig und predigt, was für eine tolle Zeit ihr mit dem Toten zu Lebzeiten verbracht habt.

„Take Me Home To The Paradise City.
Where The Gras Is Green And The Girls Are Pretty
Please Take Me Home"

© by Guns & Roses „Paradise City

*

# Übernommen

Es war wieder einer dieser Scheißabende, an denen überhaupt nichts lief.

Rudi und Hotte ließen sich missmutig durch den feinen Nieselregen treiben. Nichts hatte heute richtig geklappt.

Rudi, der dürre, lange Schlacks kickte missmutig eine leere Bierdose in den Rinnstein: „Scheisse aber auch, Alter, mir hängt der Magen inne Kniekehlen."

Seine Hose war ein paar cm zu kurz, so blitzen immer wieder die nackten Knöchel über den Leinenturnschuhen hervor, wenn er einen seiner staksigen Schritte machte.

Die lange, ausgemergelte Gestalt wirkte unterernährt. Die Haare hingen strähnig und fettig bis auf die Schulter herab. Rudis mehr als dürftiger Oberlippenbart machte die Zahnlücke in den Schneidezähnen eher sichtbar, als dass er sie verdeckte: „Und der Hals ist furztrocken. Mann – habe ich einen Brand!"

Hotte trottete neben Rudi her. Er war einen halben Kopf kleiner, kompakter, drahtiger. Wirkte Rudi eher wie ein ausgehungerter Jagdhund, so ähnelte Hotte einem Terrier.

Seine unruhigen und hektisch gesteuerten Bewegungen gaben ihm etwas von einer ständigen explosiven Bereitschaft. Sein Gesicht war mit einem unkontrollierten Vollbart zugewachsen. Unter dem lockigen Haarwuchs blitzten zwei ständig wütende Augen. Die Hände waren ebenso dreckig, wie die seines Partners. „Scheisse ey, heute is ja nu nicht unser Tag", fluchte Rudi vor sich hin.

„Jau, meldete sich Hotte, „ ich hätte dem Macker vorhin noch eins in die Fresse geben sollen, macht auf große Welle und hat nur ein mageres Pfund in der Tasche. Da kommste dir ja echt betrogen vor."

****

Sie waren am späten Nachmittag wach geworden und hatten festgestellt, dass sie die Kohle von gestern versoffen hatten. Die

Reste in den Flaschen, zu Hause auf dem Tisch, waren schnell ausgelutscht gewesen. Dann waren sie auf ihren täglichen Turn gegangen. Zwei Coyoten der Grosstadt auf der Suche nach leichter Beute oder Aas. Im Kiosk an der Ecke, bei Thomas, hatten sie leichten Druck gemacht. „Schieb mal zweimal Lullen und nen Flachmann rüber Tommi, auf lange Lohne! Du verstehst schon, wa?"

Tommi, der Behinderte hinter dem Tresen hatte rausgetan und die Sachen seufzend auf die Liste geschrieben, die seit Wochen ständig wuchs, seitdem die beiden in dem Dreh wohnten.

Der Korn aus dem Flachmann wärmte die Innereien.

Auf der Bergmannstraße – im „Vollen Becher" – hatten sie hastig zwei Halbe gekippt und mit einem schnellen Abgang die Zeche geprellt. So langsam kamen sie auf Betriebstemperatur.

Höhe Südstern trafen sie auf eine Gruppe Penner, denen sie, nachdem sie eine Weile mit ihnen zusammengehockt hatten, die halbvolle Flasche 38 %igen „Klaren" wegnahmen. Den Protest erstickten sie mit ein paar Ohrfeigen. Mit dem Klaren wuchs so langsam ihr Körpergewicht, sie wurden muskelbepackter und gefährlicher. Die Schritte wurden breiter, die Arme standen weiter vom Körper ab und ihre Pläne wurden größer.

Am Herrmannplatz kehrten sie in eine Kaschemme ein, bestellten mal wieder etwas ohne Geld zu haben.

Hier trafen sie auf den Kerl, der sie zum Bier einlud. Wahrscheinlich ein braver Familienvater, der mal eine Sause riskierte und einmal an der Halbwelt schnuppern wollte, um sich mit dem Geruch von Raubtieren zu schmücken. Mit jedem Bier und Schnaps wuchs die Bereitschaft der beiden Tagediebe für Gemeinheiten.

Nach ein paar Lagen Freibier schlugen sie den Spender auf der Toilette so zusammen, dass er besinnungslos in der Pissrinne liegen blieb.

Zu ihrer Enttäuschung fanden sie in seinen Taschen nur einen Zwanziger. Rudi nahm ihm die goldene Kette ab und Hotte streifte sich die Uhr des Mannes über. So stiefelten sie los und lungerten bis ca. 23.00 Uhr in einem Laden auf dem Kottbusser Damm rum, soffen Fusel der Hausmarke „Billig" – aber der zog durch.

\*\*\*\*

„Pass uff Alter", machte sich Hotte bemerkbar, „eigentlich sind wir beide doch zwei fette Kaliber, wa?"

„Worauf du einen lassen kannst", bestätigte Rudi.

„Wir sollten mal langsam aus der Misere raus und uns größeren Dingen zuwenden".

„Jenau, luukratiwa soszusagen –oder wie det heißt." Steuerte Rudi bei.

„Klaro. Ick habe da auch det Richtige. Wir machen in Schutzgeld."

„Wat denn, in Schutzgeld?" Rudi sah Hotte an.

„Na klar, kiek uns doch an. Wer will uns denn erschrecken? Nischt und Niemand."

„Sonst jibt es auf die Fresse, wa?" tönte Rudi

„Klaro. Und wir fangen gleich an. Pass uff, hinterm Zickenplatz jibt et einen illegalen Spielclub. Da gehen wir uns jetzt mal vorstellen und kassieren gleich die erste Rate."

„Wat denn? Jetzt? Sofort? Ist dat nich jefährlich?" Rudi ging das wohl ein bisken zu schnell.

Hotte wehrte lässig ab. „Mann, scheiss dich nicht ein. Das ist ein Spielklub. ALTER – SPIELCLUB! Das sind Kerlkes, die sich im Halbdunkeln an die Karten festhalten. Wenn die nicht spuren, dann – BAMM BAMM."

Hotte feuerte zweimal einen Haken mit seiner Linken in die Luft. Rudi nickte zufrieden.

Die Schritte der beiden wurden nun zielstrebiger, wenn auch leicht schwankend.

Jetzt hatten sie die Toreinfahrt erreicht, an der aber nichts auf einen Spielklub hinwies. Doch Hotte steuerte über den Hof die eiserne Außentreppe am Hinterhaus an.

Oben angelangt öffnete er die schwere Eisentür und beide traten ein. Es war 23.20 h.

Sie konnten im ersten Augenblick nichts erkennen und tasteten sich unsicher vor, stießen an einen Tisch. Langsam gewöhnten sie sich an das diffuse Licht.

Rudi und Hotte setzen sich. In ein paar Metern Entfernung war die Bar in den blaugeschwängerten Qualm vieler Zigaretten getaucht. Einige Gestalten saßen auf den Hockern und stierten in ihre Gläser.

Aus dem hinteren Bereich tönte Stimmengemurmel herüber. Das Klappern der Würfel, das Rollen der Roulettekugeln und das scharfe Geräusch der Kartenmaschinen wurden durch die schweren Filzvorhänge gedämpft, die ihnen den Blick auf diesen Teil der Lokalität nahmen. Rudi und Hotte wurden lockerer. Sie lehnten sich entspannt zurück und streckten die Beine aus. Das war ihr Laden.

„Was darf ich den Herren bringen?" fistelte eine unangenehme Stimme in den Augenblick der Ruhe.

Hotte schaute zu dem dünnen Mann mit der schmutzig weißen Jacke hoch: „Nu bettel mir nicht an. Lass mal den Geschäftsführer antraben. Geschäftlich, versteht sich. Und das ganze ein bisken flott." Bedeutsam klopfte Hotte mit dem Zeigefinger auf die Armbanduhr und schaute dem Ober nach, der hinter den Filzvorhängen verschwand.

„Mann", sagte Rudi, „hier sieht es aber auch aus, wenn man genau hinsieht." Er zeigte auf den verschlissenen Teppich, die vielen Brandlöcher auf dem Tisch und die fleckigen Wände.

„Lass ich alles in Ordnung bringen, " tönte Hotte, „wenn mir der Laden erstmal gehört.

„Womit kann ich den Herren behilflich sein", ertönte eine höfliche Stimme.

Rudi und Hotte sahen einen älteren Herrn, um die sechzig Jahre alt. Schneeweißes Haar und einen weißen Schnauzbart. Sonnengebräunt, dezenten Goldschmuck an den Fingern. Schwarze Hose, Hemd, Fliege und weißes Jackett. Sein linkes

Handgelenk zierte eine goldene Rolex. Respektvoll stand er in dienstbereiter Haltung vor dem Tisch der Beiden.

„Pass uff Männeken ... pass jenau uff ... wat Vatta jetzt erzählt. Wir ... mein Kumpel Rudi und ick hier ... sind sozusagen een Glück für dir. Wir kieken ab jetzt hier son bisken nach dem Rechten, damit hier alles schön koscher is."

„Ich verstehe nicht ganz", antwortete der ältere Herr.

„Na, nu aber noch mal für die ganz Langsamen. Du trabst jetzt mal schnell nach hinten, zapfst zackig zwei frische Halbe, auf Kosten des Hauses versteht sich, und bringst noch so 500,- cash mit. Wenn nicht, reiss ick dir de Fliege ab, tret den Tresen um und mach hier Kleinholz. War das deutlich?"

Der nette ältere Herr zuckte zurück: „Aber selbstverständlich war das verständlich. Warten sie einen Augenblick und bleiben sie bitte ruhig. Das Bier kommt sofort."

„Verjiss die Kohle nicht, du Seuchenvogel, " rief Rudi selbstgefällig dem davoneilenden Mann nach.

Er nickte in Richtung Hotte und kniff ein Auge zu, woraufhin Hotte den Siegerdaumen zeigte. Sie stützten beide die Ellenbogen auf die Tischplatte und stecken die Köpfe zusammen. Einen Augenblick vergaßen sie alles um sich herum. Sie schmiedeten Pläne, welche Läden sie noch unbedingt besuchen und wie viele Leute sie beschäftigen müssten. Vor allem wohin mit dem ganzen Geld und dann die Bräute...

Plötzlich wurde es dunkel am Tisch.

Zornig fuhren Rudi und Hotte auseinander und sahen wütend auf. Sie starrten in zwei seelenlose Augenpaare, die sie im Focus hatten. Zwei paar mächtige Pranken stützten sich mit den Handknöcheln auf der Tischplatte ab, die unter dem Gewicht ächzte. In den Gesichtern der beiden Gorillas zuckte kein Muskel. Kein Hass, keine Wut und keine Warnung war zu erkennen. Nur brutale ... gleichgültige ... Mitleidslosigkeit.

Rudis Kopf durchzog schlagartig ein warnender Schmerz, welcher ihn sofort nüchtern machte. Er starrte wieder auf die behaarten Pranken. Eine davon so groß wie seine beiden Hände zusammen. Vernarbt, knöchern und kantig – Fundamente der Brutalität.

Rudi spürte eine Schwäche in den Knien, sie kroch durch die Lenden und bereitete ihm in der Magengegend Unwohlsein. Er konnte sich nicht wehren, als ein kurzer Strahl Urin in die Unterhose ging. Es war ihm auch nicht peinlich … er hatte einfach nur Angst.

Hotte erschrak. Er erkannte die Gnadenlosigkeit in den Gesichtern. Sofort waren seine Hände schweißnass.

Sollte er ihnen vielleicht seine Uhr schenken? Sollte er ihnen Rudis Kette geben? Der Hals wurde trocken und wie ein sich öffnender Reißverschluss lief es ihm vom Nacken her kalt den Rücken runter. Er konnte nichts dagegen tun, als er lautlos furzte. Die Muskeln versagten, seine Lippen zitterten. Der Alkohol war verflogen. Auch er hatte Angst.

Der ältere Herr erschien wieder, diesmal mit einem Tablett und zwei halben Liter Bier und zwei gefüllten Wodkagläsern. Perfekt zuvorkommend servierte er Rudi und Hotte die Drinks. Höflich, fast freundschaftlich sagte er: „Ich kenne Jungs wie euch. Großkotzig und abgebrannt. Asozial. Ich war auch einmal ganz unten. Mit der Fresse im Dreck. Deshalb hört genau zu, ich sag es euch nur einmal. Das hier ist die Oberliga. Wenn ihr da mitspielen wollt, müsst ihr erst einmal die Kreisliga schaffen, und da seit ihr Pfeifen noch himmelweit von entfernt. Ihr bekommt Fahrgeld von mir. Die Getränke spendier ich euch. Dann verpisst euch und kommt nie wieder in meinen Laden, sonst tapezier ich mit euch das Treppenhaus."

Er legte jedem der beiden ein Zweimarkstück auf den Tisch, lächelte, nickte ihnen zu, drehte sich um, schnippte kurz mit den Fingern und ging. Die beiden Gorillas verschwendeten keinen Blick mehr an die beiden Gestalten am Tisch und folgten ihrem Boss.

Wie erstarrt blieben Rudi und Hotte sitzen und warteten, bis die Gruppe hinter den Filzvorhängen verschwunden war. Vom Tresen grinste der rattengesichtige Kellner herüber.

Ohne sich anzusehen standen die Beiden auf. Das Bier, der Wodka und das Geld blieben unberührt. Sie fanden die Tür, drückten diese auf und standen erneut im Regen.

Die Treppe hinunter und wieder auf den Kottbusser Damm. Stumm gingen sie in Richtung U-Bahn. Die Uhr am Eingang zeigt 23.42 h als Rudi fragte: „Wohin?"

„Nach Hause", antwortete Hotte kleinlaut.

„Hast du Fahrgeld?"

„Nee".

„Dann lauf ick lieber"

\*

# Kämpfer

Im Schweiß sich dehnen und strecken
Unter Qualen sich ducken und recken
Das Training, tagaus und tagein
Das einzige Ziel, ein Kämpfer sein

Du bist wild, du brauchst Disziplin
Im Voraus bekommst du nicht viel
Jetzt bist du fit, willst in den Ring
Der Gong ertönt, das ist dein Ding

Deckung hoch, jetzt musst du was nehmen
Linke raus, endlich kannst du auch geben
Es ist egal, ob du verlierst oder siegst
Dabei sein ist alles, egal was du kriegst

Komm steh wieder auf, bleibe nicht liegen
Der Gegner ist müde, du kannst noch siegen
Jetzt bist du Champ, der Gürtel ist dein
Vergiß nicht, du kannst morgen Verlierer sein

Ihr glaubt mich zu kennen, halb Mensch halb Tier
Es gibt noch soviel, was ihr nicht wisst von mir
Würde so gern malen, tanzen und singen
Kann es nicht, muss boxen und ringen

*

# Februar 2009

*Kleene, nächsten Monat freu ich mich schon wieder auf den Sprecher. War ja auch lange hin und ich habe Dich vermisst.*

*Inzwischen waren sie von der Anstaltsleitung bei mir, von wegen der Keilerei in meiner Zelle. Aber ich konnte ihnen nichts sagen. Da wurden sie richtig kiebig. Die wissen anscheinend mehr darüber wie ich und vor allem alles besser ... na, warum fragen sie mich dann überhaupt ...*

*Die fischen auch nur im Trüben und lassen den Maxen raushängen*

\*

## Bonzen, Etablierte, Schlipsträger und gerade Leute

Ich selbst bin ja eher einer von denen, die von den Verantwortungsträgern lieber gemieden werden, wenn es in die Öffentlichkeit geht. Hinter den Kulissen beglückwünscht man mich allerdings wegen meines Engagements für die Gewaltprävention bei Jugendlichen und hofft, dass ich mit meiner Arbeit weitermachen werde.

Ein gutes Beispiel dafür ist der Berliner Polizeipräsident Dieter Glietsch, bei dem ich kurz vor einem Gespräch über die Zusammenarbeit in Gewaltprävention stand. Davon wurde ich wieder ausgeladen, weil ich einen Grillnachmittag für eine Wittenberger Schule bei einem bekannten Berliner MC organisierte.

Der Herr Polizeipräsident konnte es sich nicht politisch erlauben, sich mit jemanden zu treffen, der bei den Männern des MC verkehrt, ich solle aber mit meinem freiwilligen Engagement weitermachen.

Tja Herr Glietsch, alles halb so wild, würden da nicht die

Kinder auf der Strecke bleiben. Aber was sind schon ein paar Jugendliche gegen ihr Ansehen. Oder gibt es Bedenken, dass ich mit meiner Herangehensweise näher dran bin?

Angemerkt sei unbedingt, dass der Besuch beim Berliner MC mit der Schulleiterin und der Lehrerin (die natürlich anwesend waren), abgesprochen war. Der Grillbesuch war nur der Ausklang des Tages. Während der übrige Tag mit einem Besuch beim LKA (Landeskriminalamt), in der Polizeihistorischen Sammlung, sowie mit einer Rundfahrt unter Leitung eines Präventionsbeamten, verbracht wurde.

Vom Nachtreten des LKAs in der Sache spreche ich vielleicht noch ein anderes Mal.

Herr Stefan Voß von der Senatsverwaltung für Prävention, schlug mir die Bitte nach einem Befürwortungsschreiben ab, weil Frau Michaela Schaffrath zu meinen Unterstützerinnen gehört. Das kann sich der Senat nicht erlauben. Frau Schaffrath hat meine Projekte immer sehr unterstützt und engagiert sich zudem seit Jahren für krebskranke Kinder.

Vielleicht, Herr Voß, liegt ihr Problem auch ganz woanders, aber das kann ich nicht beurteilen.

Familienministerin Ursula Schmidt bat ich einmal schriftlich um ein Unterstützungsschreiben für meine Sponsorensuche.

Antwort 1: eine finanzielle Unterstützung kann aus folgenden Gründen nicht gewährt werden – bla bla bla …

Ich schrieb, dass man wohl die Antwortschreiben verwechselt habe, da ich nicht um eine finanzielle Unterstützung gebeten hätte, sondern nur um eine wohlwollende Beurteilung meiner Arbeit

Antwort 2: eine finanzielle Unterstützung kann aus folgenden Gründen nicht gewährt werden – bla bla bla …

Nun teilte ich nochmals ausdrücklich mit, dass ich keine Anträge oder Bitten um Geld gesendet habe, sondern lediglich. … na ihr wisst schon …

Antwort 3: eine finanzielle Unterstützung kann aus folgenden Gründen nicht gewährt werden – bla bla bla …

Was meint ihr? Wenn ich von Geld geschrieben und halbe halbe angeboten hätte, hätte man da genauer gelesen?

Der Regierende Bürgermeister von Berlin ist auch so ein Fall oder besser die, die ihn abschirmen.

Ich habe einige Male hingeschrieben und darum gebeten, dass Herr Wowereit doch bitte einmal ein paar Begrüßungsworte bei einer meiner Veranstaltungen oder Projekten sprechen möchte. Einfach für ein paar Minuten dabei wäre.

Leider scheiterte das immer an seinem Terminplan. Ausgerechnet zum Tag meiner Anfrage lag immer gerade ein bereits anderer zugesagter Termin vor.

Dafür habe ich doch Verständnis, also habe ich darum gebeten einen Termin genannt zu bekommen, an dem Herr Wowereit noch frei wäre. An dem würde ich dann eine Veranstaltung machen und Herr Wowereit könnte kommen. Darauf habe ich keine Antwort mehr erhalten.

Es gibt aber auch andere:

Der BFC DYNAMO BERLIN hat mir sofort Unterstützung zugesagt, als ich dort für meine Jugendprojekte vorgesprochen habe.

Das WIKING BOX TEAM war sofort dabei, als es darum ging, Arbeit mit Jugendlichen zu machen.

Der Berliner MC ist immer für eine gute Jugendarbeit zu haben. Er bot sogar mal einer Schule die Patenschaft an und garantierte eine drogen- und waffenfreie Schule. Obwohl der Schulleiter begeistert war, wurde das Angebot natürlich weiter oben abgelehnt

Es gibt Nachtklubbesitzer die ich anspreche, die sofort etwas sponsoren, wenn ich erkläre, um was es geht. Türsteher trainieren in ihrer Freizeit mit gefährdeten Jugendlichen. Und es gibt Künstler, Schauspieler, Privatleute und Mittelständler die immer wieder mitmachen, ihre Zeit opfern und sich engagieren, um nicht alles den Bach runtergehen zu lassen.

Niemand von ihnen drängt damit in die Öffentlichkeit und in die Medien. Es geht ihnen um die Sache selbst. Denen gelten mein Dank und mein Respekt.

Für die anderen habe ich ein geringschätziges Lächeln und was ich über euch denke, wisst ihr spätestens dann, wenn ihr diese Zeilen gelesen habt.

Aber das wird euch scheißegal sein.

# Mai 2009

*Schatz, was ist los? Wieso klappt das nicht mit der Kohle für den Laden?*

*Mach mal richtig Ballett und lass dich nicht hängen! Micha sucht sich sonst nen anderen Pächter.*

*Was heißt denn, die anderen sind alle jünger und Du verdienst nicht mehr soviel auf der Straße?*

*Komm mir jetzt nicht mit der Wirtschaftskrise.*

*Dann machste eben länger oder verzichtest auf den freien Tag.*

*Du hast nun unsere neue Zukunft in der Hand. Es liegt nur an Dir. Oder willst Du nicht? Ich kann von hier aus nicht viel machen, nur an ein paar Fäden ziehen.*

*Kleene, Du siehst noch immer Klasse aus ... Mensch, reiß dich zusammen, mir läuft die Zeit weg ... Oder brauch ich ne neue Partie?*

*

## Meine Stadt

Sie eitert und fault in dunklen Ecken
Sie stinkt und riecht unter alten Decken
Sie ist Aas und Gedärm, brutal und glatt
Sie ist meine Geliebte, sie ist meine Stadt

Sie vergießt in der Sonne ihren Schweiß
Sie buckelt und schuftet mit allem Fleiß
Sie lügt in der Nacht, sie saugt mich aus
Sie macht mich fertig, sie ist mein Zuhaus

Sie teilt mit keinem, nicht den letzten Bissen
Sie hat keine Skrupel, sie hat kein Gewissen

Sie ist ein Monster, verschlingt einfach jeden
Sie ist Himmel und Hölle, mein Garten Eden

Sie kennt mich nicht, lebt nur für sich
Und doch, meine Stadt, ich hasse dich, ich liebe Dich

\*

# Zeit

Sekunden, Minuten, Stunden, Tage, Wochen, Monate, Jahre!

Faszinierend wie diese Einteilungen unser Leben bestimmen, begrenzen und reglementieren. Dabei sind sie willkürlich. Oder warum kann ein Monat nicht 60 Tage haben? Ein Tag 48 Stunden? Ein Jahr 4 Monate?

Das ganze System scheint von einem Gehirn erfunden zu sein, das den Rest der Menschheit kontrollieren und beeinflussen wollte. Und es ist ihm gelungen. Wahrscheinlich weit umfangreicher, als es zu Beginn gedacht war.

Eine der Geißeln der Menschheit ist die Zeit und ihre Einteilung. Damit wird die Lebensechtzeit fremd verwaltet, allerdings nicht durch das Individuum selbst.

Ich selbst bin jemand, der sehr pünktlich und geordnet arbeiten und leben kann. Ich weiß ... unglaublich aber wahr. Natürlich, denn ich bin ja in dieser Zeitfessel hineingeboren worden. Trotzdem habe ich es geschafft, diesen Knoten für mein Leben allgemein zu lösen. Ich behaupte, ich lebe im natürlichen Hell- und Dunkelrhythmus.

Das soll heißen, dass ich mich nicht mehr nach jeder Zeitnorm richte. Ich versuche die Dinge dann zu tun, wann sie wichtig sind oder wann sie mir Spaß machen. Ich kann keine Bürozeiten ändern und niemand wird das wegen mir tun. Aber ich kann mir einen Weihnachtsbaum im Mai hinstellen oder mich morgens um 03.00 Uhr mit einem Eis auf eine Bank setzen, wenn mir danach ist.

Ich habe meine Wochenenden wann ich will und nicht wenn es der Kalender vorschreibt. Ich nehme mir Feiertage, wenn mir danach zumute ist.

Mein Tag dauert solange wie ich es möchte. Nichts ist schlimmer, als wenn man Bekannte abends um 23.00 Uhr anruft, sich mit ihnen verabreden möchte und zu hören bekommt: "Nein, schau mal auf die Uhr. Wir gehen immer um 22.30 Uhr ins Bett. Treffen? Gerne, aber bitte dann früher!"

Die Zeit macht dich alt … Wie alt fühlst du dich?

Die Zeit treibt dich an … Wie viel Zeit bleibt dir noch?

Die Zeit versklavt dich … Wo warst du gestern?

Die Zeit ist willkürlich und umschreibt nichts weiter als den Umstand von Anfang und Ende, von Aufstieg und Fall, von Verfall und Endlichkeit.

Oder kennt jemand den Zeitbegriff für unendlich?

****

Mit einem Produzenten habe ich wochenlang versucht einen gemeinsamen Termin zu bekommen. Nie passten meine Vorschläge in seinen Terminkalender. Jedes Mal war etwas anderes bei ihm wichtiger. Wir telefonierten mal wieder abends gegen 20.00 Uhr und er sagte mir einen bereits verabredeten Termin eine Dreiviertelstunde vorher ab, weil eine neue Sache wesentlich dringlicher als mein Anliegen war und unbedingt erst erledigt werden musste.

„Aber Herr Berg, das hat nichts mit ihnen zu tun. Ich will sie wirklich sehr gerne treffen!"

Ich überlegte einen Augenblick "Kein Problem, was machen sie denn morgen früh um 03.30 Uhr?"

Die Verblüffung war zu spüren und dauerte einige Momente „Wie meinen sie denn das?"

„Na ja, wenn sie ihren Termin um 21.00 Uhr wahrnehmen

und der bis ca. 23.00 Uhr dauert, dann noch in die Hotelbar gehen und um 01.00 Uhr ihr Zimmer aufsuchen, ihren Flieger um 06.00 Uhr bekommen möchten, dann könnte wir uns um 03.30 Uhr treffen, alles besprechen und ich bringe sie anschließend zum Flughafen. Es sei denn, Sie haben um 03.30 Uhr vielleicht einen Termin beim Friseur!"

Wir haben uns dann am Flughafen um 09.00 Uhr getroffen, weil seine Maschine erst um 11.00Uhr ging.

*

# Hase und Igel

Eine Verkettung unglücklicher Zusammenhänge habe ich mal als Jugendlicher in Hamburg erlebt. Die Schmiere hatte mich in Heide erwischt und wollte mich zurück in den Kohlenpott überführen. Na ja, damals noch mit viel Rücksicht und einer Begleitperson vom Jugendamt, ohne Handschellen und dem Kram.

Auf dem Hamburger Hauptbahnhof mussten wir umsteigen und ich beschloss nen Schuh zu machen. Also habe ich mich ein paar Meter abgesetzt und mit ner Gruppe von Rockern gesprochen. Von wegen da vorne der Macker ist vom Jugendamt und das ich ein bisken Unterstützung gebrauchen könnte, ob die Jungs mich ein paar Meter mit ihren Motorrädern wegbringen würden.

Die Jungs nickten und gingen schon mal vor.

Ich hab gewartet, bis sie vom Bahnhof waren und mich dann mit nem Sprint vom Acker gemacht. Vor dem Bahnhof gähnende Lehre. Nischt. Keine Rocker, keine Motorräder, keine Fahrgelegenheit. Aber man soll ja nicht so schnell aufgeben.

Ich bin dann über Hinterhöfe, Mauern, Zäune, durch allerlei Unrat und habe versucht meine Spur zu verwischen. Zig Hunde hab ich abgehängt und einige wütende Anwohner aufgeschreckt.

Mistig, dreckig, mit Spinnweben in den Haaren, die Hände aufgerissen fiel ich dann über eine Mauer auf den Gehweg einer kleinen, leeren Gasse und holte tief Luft.

Mann, nur einen Augenblick verschnaufen.

Ich saß gerade mal 10 Sekunden in der Hocke, als eine Autotür klappte. Direkt vor mir am Straßenrand hatte ein Streifenwagen gehalten und zwei Bullen kamen auf mich zu: „Das könnte doch der Bengel sein, den sie vor 30 Minuten über Funk gemeldet haben!"

Nu hatte ich keinen Bock mehr, auch nur zu versuchen, einen Meter zu laufen.

# August 2009

*Mann, was ist denn jetzt wieder los: Was schwallste mich denn mit dem ganzen Gesülze an. Ist ja schön, dass Doris ihren Günter heiratet, aber was hat das mit uns zu tun? So ein Schritt muss gut überlegt sein. Da sollte man nicht nach 17 Jahren übereilt handeln ... Was macht der Laden? Wenn die Knete nicht voll abgedrückt wird, dann ist die Anzahlung weg ...*

*Ich verstehe das nicht. Es lief doch so gut und was heißt schon wirtschaftliche Flaute ... Mensch, Du ackerst doch nicht an der Börse.*

*Wie steh ich denn vor den Jungs da? Wenn erst einmal rum ist, dass ich in der Brenne bin, bin ich unten durch.*

*Du wolltest die Kneipe doch auch. Und wieso hast Du alles am Arsch? Soll ich etwa hier anschaffen?*

*Also, klaren Kopf behalten. Jeder auf seinen Posten.*

*Für wen häng ich mich denn da sonst so rein?*

*Für Dich und den Jungen.*

*Dann mach Sonntag nicht frei und fang ansonsten zwei Stunden früher an.*

*Schatz, es ist für unsere und die Zukunft für den Jungen.*

*Na komm, Kleene, für uns ...*

\*

## Liebe

Ein Thema, über das ich nicht so viel sagen kann.

Wobei ... darüber reden, kann meines Erachtens, nur Stückwerk sein kann, man muss sie fühlen und das habe ich erst sehr spät begriffen. Warum auch? Wozu ist sie gut? Die Scheiße! Sie macht nur schwach. Sie macht Stress!

Liebe war für mich erst einmal eine Phrase die benutzt wird, um jemanden an sich zu binden, ihn zu fesseln, um gefesselt zu werden. Was ich kannte war Begehren, Besitzen, Gier, Neid, Sucht, Leidenschaft, Manie und was weiß ich noch.

Das Leben ist Veränderung und wir sind mitten drin, so wie ich, der jetzt sein viertes Leben lebt. Ich war Kind, Verbrecher, Unternehmer und jetzt Künstler.

Und erst in diesem Leben ging mir auf, was man allgemein wohl als Liebe bezeichnet. Und siehe da, ich entdeckte sozusagen nachträglich schon früher geliebt zu haben.

Ich erinnere mich an so viele Dinge, die ich begehrt habe, aber ich glaube … ich habe nur viermal in meinem Leben wirklich geliebt …und … meine erste Liebe ist die Liebe am Leben selbst.

Liebe Nummer zwei war meine erste Frau, eine Hure.

Wir waren aneinander verfallen und haben die Jahre unseres Zusammenseins ausgekostet und ausgelebt.

Was uns zusammenhielt, war die Gefahr, das Risiko, die Leidenschaft, das Leben am Abgrund. Als ich mich entschloss neue Wege zu gehen, verging unsere Liebe, weil ihr die Grundlage entzogen wurde. Aber es wäre unfair heute zu sagen, dass es bis dahin keine Liebe gewesen ist.

Meine dritte Liebe war mein Hund „Atze" ein Mittelschnauzer. Er wurde 17 Jahre alt und ich musste ihn am 02. Mai 1996 um 13.00 Uhr vom Tierarzt einschläfern lassen.

Er war ein treuer Bursche, kletterte auf Bäume und tauchte bis zu 2 Meter tief. Wir haben Tage und Nächte auf einem Fischerkahn verbracht, im Wald gepennt und waren bei Eis und Schnee unterwegs. Noch heute höre ich ihn manchmal nachts in der Wohnung umherlaufen oder ich werde wach, weil ich denke er hat mich angestoßen, um etwas zum Trinken zu fordern … er fehlt mir.

Meine vierte, größte Liebe und letzte Liebe ist meine jetzige Frau. Durch sie habe ich überhaupt erst angefangen über Liebe nach zu denken. Wir haben uns ein Jahr nach meiner letzten Knastentlassung kennen gelernt. Also zu der Zeit, als ich mit ehrlicher Arbeit begonnen habe. Sie war gerade 17 und kam aus einem so scheißbürgerlichen Zuhause, das es förmlich nach Ärger roch. Den hat es dann auch mit ihrer Familie gegeben und der hat sich bis heute gehalten.

Inzwischen sind wir im 32sten gemeinsamen Jahr und sie hat es mit mir nicht einfach gehabt.

Laut ihrer eigenen Aussage hat es allein zwölf Jahre gedauert, bis meine Umgangsformen gesellschaftsfähig geworden sind. Vor sieben Jahren sagte sie einmal in einer geselligen Runde, dass sie 25 Jahre mit mir zusammen ist und das davon noch kein Tag langweilig war. Was will ein Mann mehr? Ich denke ich bin immer ein Köter gewesen … und geblieben.

Einer der um sich beißt, wenn man ihn an die Leine legen oder einsperren will.

Wenn die Tür aufsteht und ich gehen und kommen kann, wie ich will, dann komm ich stets zurück oder bleib freiwillig da.

Und an dem Punkt fing ich an über Liebe nachzudenken. Nämlich an dem Punkt, als ich begann freiwillig zurück zu kehren.

Ich bin davon überzeugt, dass meine Frau einer der Engel ist, den jeder Teufel bekommt, wenn er ehrlich versucht den Schwefelgeruch und den Ziegenfuß los zu werden.

# Oktober 2009

*Na meene Kleene, ist das ein schöner Klunker? Da warst Du ganz schon baff beim Sprecher, was?*

*Siehst doch, was ich von Dir halte und was Du mir wert bist. Lass Dir ne schicke neue Fassung machen.*

*Da prallste bestimmt gut mit an. Nu kannst Du überall sagen, dass wir verlobt sind. Alles andere wird sich finden. Nur keine Hektik.*

*Nu bin ich ja bald wieder draußen. Da fluppt alles wieder besser.*

*Wenn es doch noch mit dem PIK-AS klappt, dann stehst Du nur noch hinterm Tresen, brauchst nicht mehr aufs Zimmer ... aber bis dahin lass keine Schicht aus ... im Gegenteil ... Klotz ran.*

*Ich kann es gar nicht fassen, was wir da vorhaben.*

*Und für den Jungen haben wir dann auch mehr Zeit.*

*Ich weiß auch gar nicht, ob ich mich freuen oder ob ich Angst haben soll. Ich hab doch keine Ahnung vom Einkauf, von den Papieren, die Steuer und den ganzen Mist. Aber Du wirst das schon hinbekommen.*

*Und Micha wird auch den einen oder anderen Tipp für uns haben.*

*Ich denke aber viel an früher. Ob das nicht doch leichter ist?*

\*

## Vorsicht ist die Mutter der Porzellankiste

Wenn du mal fünf Tage breit wie ne Flunder gewesen bist und so gut wie nischt gegessen hast, dann weiß du nüchtern auf alle Fälle was Kohldampf ist.

Werner war neu zu uns gestoßen und lange nicht so abgebrüht wie der Rest der Clique.

Wir baldowerten ein Geschäft aus, in dem Käseräder, Wurst und Schinken im Großformat im Schaufenster hingen und stiegen gegen 00.30 Uhr ein. Werner war nervös und nervte uns die ganze Zeit mit: „Pssst, leise, bloß vorsichtig!"

Wenn du das innerhalb einer halben Stunde zwanzigmal hörst, bist du schon fertig auf den Reifen, eh du in dem Laden drin bist. Aber gut, wir also rein. Werner: „Pssst, leise, bloß vorsichtig!"

Er hielt sich immer schön hinten. Drinnen fanden wir ein paar Koffer, die wir mit Fressalien voll packten.

Das letzte Mal, dass ich Werners: „Pssst, leise, bloß vorsichtig!", hörte, war … kurz bevor er mit Getöse und dem ganzen Weinregal im Schaufenster umfiel.

*

# Gewalt ist keine Lösung

An uns wurde die Bitte herangetragen, einem Herrenausstatter einen Denkzettel zu verpassen, es sollte aber keine unmittelbare Gewalt stattfinden.

Nach einigen Überlegungen kamen wir darauf in die Eiswürfelschalen des Kühlschranks zu kacken und es dann ein zu frieren.

Mit dem so gewonnen Hartgefrorenen konnte man in das Geschäft gehen, um die Würfel in der Kleidung, zwischen den Regalen oder unter die Heizungen zu platzieren. Es wurde ein Erfolg.

Noch lange blieb es eine Gaudi, immer mal wieder diese Dinger herzustellen und sie, nur so aus Jux, in offene Fenster zu werfen.

*

# Peikern

Die erste Tätowierung habe ich in den 60ern in Staumühle im Jugendknast gekriegt. Neben der Pissrinne des Gemeinschaftsklos, auf dem Rücken liegend.

Einer an der Tür, um zu kieken, ob der Schließer auftaucht und ein anderer auf meinem Bauch hockend, während er mir die drei zusammengebundenen Nähnadeln ins Fleisch hackte. Das wurde der Tiger auf meiner Brust. Gegen die Entzündung half dreimal täglich mit eigener Pisse einreiben.

Das Tattoo hat mich anderthalb Päcken Tabak gekostet. War ne Menge Holz damals und noch dazu ein Freundschaftspreis.

*

# Wasser, Strand und FKK

Wir hatten ein paar Tage und Nächte am Havelstrand verbracht, als Aki und ich auf die glorreiche Idee kamen, drüben bei den Engländern im Navyclub ein Motorboot zu klauen. Also sind wir rüber, splitternackt wie wir waren. Doch die Boote von den Tommys waren angekettet.

Nachdem das Vorhaben geplatzt war dachten wir, dass wir uns einen Drink an der Bar verdient hätten und stolzierten in blanker Pracht in den Club.

Was los war, weiß ich nicht, auf jeden Fall waren nur englische Weiber da, die sich offensichtlich über unseren Besuch freuten. Es gab Drinks und ab und zu langte auch mal eine der Ladies hin. Dann war plötzlich Schluss mit lustig.

Durch die Tür kamen zwei Herren von der Militärpolizei.

Ich war inzwischen schon gut auf Betriebstemperatur und

alle Warnsignale waren ausgeschaltet. Lässig schob ich Aki beiseite: „Lass man, dass sind nur zwei!"

Wach geworden bin ich im Westend Krankenhaus, wo man mir die zertrümmerten Knorpel aus einem Ohr schnitt.

Am nächsten Morgen, ich lag nackt wie ich eingeliefert worden war im Bett, kam die ganze Truppe von der Havel vorbei und brachte mir meine Klamotten.

Sie waren noch keine fünf Minuten weg, als die Stationsschwester mit großem Gefolge im Zimmer einflog und wissen wollte, wer gerade bei mir gewesen ist. Wie immer in solchen Fällen, zuckte ich automatisch mit den Schultern: „Kannte ich nicht! Weiß ich nicht!"

Die Bande hatte den ganzen Frühstückwagen der Station mitgehen lassen.

Wie die den am Pförtner vorbeibekommen haben weiß ich nicht, aber man hat ihn auf dem benachbarten Parkplatz gefunden – leergefressen.

Zu dem Zeitpunkt hatte ich mich aber schon abgeseilt.

\*

# Müll

Der Körper übersät mit Kugelgarben
Das Gesicht gezeichnet von Messernarben
Für Freunde gekämpft, gelitten so sehr
Jetzt ist er alt, sie kennen ihn nicht mehr

Gebückt und geblasen in jeder Nacht
Mit den Jahren hat sie ihn reich gemacht
Die Falten kann sie nicht verstecken
Ausgedient, jetzt kann sie verrecken

Früher jung, die Taschen voll Geld
Hat immer gelebt, wie es ihm gefällt
Heute hungrig ohne Glück und Mut
Sitzt er am Bahnhof mit Schild und Hut

Steh auf, es zählt nicht was ist,
Zeig ihnen, wer du wirklich bist

\*

# Miami Vice

Einen der coolsten Bullen habe ich nach meiner Flucht in Westdeutschland kennen gelernt. Sie mussten mich zurück nach Berlin bringen, aber wegen der Berliner Mauer wurde das entweder via Eisenbahn oder aber per Flugzeug vorgenommen. Ich hatte der Fliegerei zugestimmt.

Na ja, man hat ja als Gefangener so einen Sonderstatus. Von wegen keinen Kontakt zu den anderen Mitreisenden. Extrazugang.

So stand ich mit den beiden Bullen an einem kleinen Zaun am Flugfeld und wir warteten darauf, bis anderen Fluggäste eingestiegen waren, damit wir als Letzte rein konnten. Die Handschellen hatten sie mir abgenommen.

Während ich versonnen auf das Flugfeld schaute, glitten meine Gedanken zu der kommenden Zeit hinter Gittern, während am Ende des Flugfeldes die Freiheit lockte.

Der Bulle links von mir lutschte an seiner Zigarette und starrte durch die Sonnenbrille vor sich hin, während der andere in den Papieren blätterte. Ich wurde unruhig und schätzte meine Chancen ab.

Ein Stoß in die Rippen brachte mich zurück in die Gegenwart. Die coole Sonnenbrille sah mich gar nicht an:

„Na los Lothar, mach schon! Lauf! Ich warte dann, bis du in

der Mitte bist und keine Puste mehr hast. Ich hol dich da mit dem Auto ab!"

Ich bin nicht gelaufen, weil der Sack mit der Sonnenbrille absolut Recht hatte, aber er hätte nicht so unverschämt grinsen müssen.

*

# Arsch oder Held

Es gibt da so eine Hunderstelsekunde vor dem endgültigen Einschlafen. Kennt ihr die? Diesen Hauch von Ewigkeit? Diesen Moment des Hinübersinkens in den Schlaf, in das Vergessen, in die Ohmacht.

Ich nenne ihn – den Moment der Wahrheit.

Es ist der Augenblick wo du dich nicht selbst kontrollierst, wo das Unterbewusstsein schon den Thron der Nacht bestiegen hat und dein Bewusstsein sich gerade wie ein Dieb aus deinem Kopf stehlen will.

In diesem winzigen Moment, der dem einzelnen Flügelschlag eines Kolibris gleicht, habe ich es mir angewöhnt mich zu hinterfragen. Es ist immer dieselbe Frage die ich mir stelle: War ich heute Arsch oder war ich Held?

War ich Held, habe also den Tag in Ehre und Respekt verbracht, dann sinke ich sofort hinüber in die Welt der Träume. Schrecke ich aber hoch, bin sofort wieder hellwach, fühle Schweiß auf meiner Haut, dann bin ich sicher, heute war ich Arsch.

Hab ich gelogen, übel nachgeredet, jemanden übervorteilt oder jemanden verletzt? Nachlässig, nicht vorsätzlich, sondern aus Oberflächlichkeit oder Gewohnheit. Irgendetwas habe ich heute vermasselt. Es lässt mir keine Ruhe, bis ich es gefunden habe. Und am kommenden Tag rücke ich diese Angelegenheit wieder gerade.

****

In jungen Jahren stand ich mit einem guten Bekannten im Konkurrenzkampf um eine Traumperle, ein wirklich rattenscharfes Mädel.

Die Kleine hatte ihre Sympathien gleichmäßig verteilt.

Dann hatte ich das Glück mit ihr alleine einen ganzen Nachmittag am Kanal beim Schwimmen verbringen zu können. Und ich habe losgelegt, ihr meine Vorteile gepriesen und meinen Bekannten mit seinen miesen Eigenschaften in die Pfanne gehauen.

Je mehr ich mich in Rage redete, umso deftiger fiel meine Meinung über ihn aus. Ich war selbst überrascht, was er für ein Scheißtyp war. Endlich konnte ich sie küssen und ihr an die Brüste fassen. Das war nicht viel, aber doch ein Versprechen auf mehr.

Abends im Bett, ging mir der Tag noch einmal durch den Kopf. Zuerst natürlich nur die Zunge der Kleinen und ihre Titten, aber dann auch das, was ich alles über meinen Bekannten gesagt hatte. Plötzlich war mit siedend heiß zumute und ich war hellwach. Es war nicht mehr an Schlaf zu denken. Morgens um 04.00 Uhr versuchte ich ihn anzurufen. Handy gab es noch nicht und auf dem Festnetz war er nicht zu erreichen.

Ich verbrachte einen schlechten Vormittag, bis ich ihn in unserer Stammkneipe bei der Mittagspilsette traf. Ich druckste ein bisken herum bis ich ihm schließlich alles erzählte.

„Respekt Lothar", sagt er, " hätte ich das von dritter Seite gehört, hätte ich dir was aufs Fressbrett gehauen. Aber so, Respekt!"

Seitdem nutze ich den Sekundencheck vor dem Abkippen in Morpheus Armen, wenn ich mir nicht sicher bin, wie ich meinen Tag verbracht habe.

Und? Habt ihr euch schon gefragt was ihr heute wart?

Arsch oder Held?

\*

# Der Bierkutscher

Paule war ein gemütlicher Kerl.

Seine 190 cm hielten ein Gewicht von 145 kg aufrecht.

Sein Lebtag hatte er malocht. Früher in der Zeche und jetzt als Bierkutscher. Er war ein starker Kerl. Hände wie Kohlenschaufeln, Beine wie Säulen, Arme wie eine Boa und ein Genick wie ein Amboss. Er hatte stets die Ruhe weg, war hilfsbereit und hatte für jeden ein Ohr und ein gutes Wort.

Heute stand er, während seiner Tour am Imbiss und biss herzhaft in eine Dampfwurst. Er kannte das Milieu hier. Er liebte seine Tour. Die Jungens waren locker, gaben immer mal ein gutes Trinkgeld und den Mädchen durfte er ruhig auf den Hintern hauen. Sie hatten dann ein herzhaftes Lachen für ihn übrig. Er war eben ihr Paule.

So stand er hier, seinen massigen Leib an die Bude gelehnt und war mit sich und der Welt zufrieden. Den Bierwagen in Sichtweite und den Feierabend vor Augen.

„Ach", sagte sich Paule, „ich werd noch 'ne Wurst essen."

Er schob sich um die Ecke und ging an die Luke.

„Na, Paule – hast ja mächtig Kohldampf?"

Im selben Augenblick hörte Paule in seinem Rücken ein Auto scharf bremsen.

Bevor er der Bedienung antwortete, drehte er sich herum.

Ein langer Schlacks stieg aus und kam auf die Bude zu.

Der BMW glänzte frisch poliert, und der Typ auch. Lange geölte Haare, solariumgebräunt mit Goldkette – ganz dem Klischee eines Luden entsprechend. Er federte heran, schob sich an Paule vorbei und sagte in schneidenden Ton: „Los Du Träne, mach mal ein paar Happen fertig – und beweg Deinen lahmen Arsch!"

„Nu aber langsam, Männeken, erstmal bin ich hier dran", stieß Paule hervor, dem der Tonfall gar nicht gefiel und trat auf den Gelackten zu

Der Lange zog die Augenbraue hoch: „Mach mal keine Welle Opa, sonst gibt's was auf die Gusche!"

So einfach war Paule nicht zu erschrecken: „Sei man friedlich Jüngelchen, stell Dich hinten an, bevor Du hier nur noch Suppe bestellen brauchst."

Der Geölte stieß seinem Gegenüber vor die Brust, und versuchte ihn so auf Distanz zu bringen. Paule griff mit der einen Hand an dessen Hosenbund und mit der anderen in Brusthöhe an die Jacke. Lupfte ihn kurz an und stellte ihn zwei Schritte weiter ab.

Der Lude war verblüfft, schließlich wog er an die 95 kg. Dieser alte Sack hatte ihn angehoben wie einen Fetzen Papier. Na ja, Kraft hatten diese Bierkutscher.

Er ging einen Schritt vor und feuerte eine linke Grade ab. Seine Faust verfing sich in der offenen Hand des Bierkutschers, fest wie in einem Schraubstock.

Er sah die Linke des Dicken als Ohrfeige kommen und schob seine rechte Hand dazwischen. Das Ding schlug dermaßen ein, dass er seine eigene Deckung zu spüren bekam und benommen zurücktaumelte.

Mittlerweile hatten sich einige Zuschauer eingefunden. Alles Leute vom Kiez. Mädels, Zocker, Luden und Tagediebe. Sie grinsten.

Paule stand an der Bude und beobachtete seinen Gegner interessiert.

Der Lude sprang nach vorn, täuschte an und trat in Richtung von Paules Eiern. Der Tritt verfing sich in der ledernen Schürze des Bierfahrers. Paule verpasste ihm postwendend eine Ohrfeige, die den Glatten diesmal auf den Boden warf.

Der schrie vor Wut auf und sprang auf die Füße. Voller Hass stürzte er auf Paule zu, sprang ihn an und versuchte einen Kopfstoss anzubringen.

Paule aber hatte ihn mit offenen Armen empfangen. Er fing ihn auf und presste nun die Rippen und den Brustkörper dermaßen zusammen, dass der Geölte vor Schmerz aufschrie und alles vergaß, was er noch so drauf hatte. Paule ließ ihn herunter und verpasste ihm eine weitere Ohrfeige.

Wieder fiel der Schönling gegen die Bude. Mittlerweile hatte er ein geschwollenes rotes Gesicht und Wasser stand in seinen Augen, wahrscheinlich vor Scham und Wut. Schließlich musste dieser Kutscher so an die 50 Jahre alt sein, gute 20 Jahre älter als er selbst. Er versuchte es noch einmal mit einem Tritt und einem Schlag.

Den Tritt fing Paule mit seinem Bauch ab, Den Schlag nahm er mit der ihm eigenen stoischen Ruhe am Kinn. Der Treffer erschütterte den Bierkutscher nicht.

Im Augenblick des Triumphes, endlich einen Schlag platziert zu haben, fing sich der Zuhälter die vierte Schelle ein. Sie drehte ihn halb um und riss ihn von den Beinen, so dass er auf Händen und Knien zum Liegen kam. In dem Augenblick, als er sich wieder halb aufgerichtet hatte, traf ihn der mächtige Tritt von Paule ins Hinterteil. Der Gebräunte bekam einen solchen Schwung, dass er ein paar Meter im Stolperschritt nach vorne schoss. Erst sein BMW stoppte den Lauf.

Lachen, Kichern und Gejohle erfüllte die Luft. Die Umstehenden machten aus ihrer Schadenfreude keinen Hehl. Auf das Tödlichste beleidigt, öffnete er die Wagentür, griff in das Handschuhfach und nahm die 38er Special. Gerade dreht er sich herum, um die Sache zu beenden, da standen zwei Jungens vom Kiez vor ihm:

„Lass dat man stecken, Langer. Dat war 'ne ganz faire Sache. Ein krummes Ding hier mit unserem Paule und du machst die Hocke, klar? Und jetzt ab Marsch!"

Sie winkten lässig mit den Händen die Straße hinunter. Beide Herren waren Nummern, hier auf dem Kiez. Sie brauchten keine Waffe, ihr Wort war Gesetz. Der Geölte wusste das, warf die Kanone in den BMW, ging herum, stieg ein und fuhr davon. Irgendwann würde auch diese Niederlage vergessen sein.

Paule aber stand wieder am Imbiss:

„Nee, nee – lass man – jetzt habe ich keine Zeit mehr, muss

121

meine Tour zu Ende fahren – durch son Scheiß kommt man ganz aus dem Tritt."

Die Umstehenden hauten ihm auf die Schulter. Paule schmunzelte über soviel Anerkennung, haute der dicken Rita auf den Arsch, freute sich über ihr: „Aber Paule, wat machste denn", stieg in seinen LKW und fuhr seine Tour zu Ende.

# Dezember 2009

*Na Junior? Deine Mutter hat mir gesagt, ich soll Dir schreiben, weil sie Dich letzte Woche bei nem Bruch geschnappt haben. Und das 8 Wochen vor meiner Entlassung …*

*Was soll das, Alter? … willst Du Dir jetzt auch ein Stück von der Torte holen.*

*Na los … Dann mach schon!*

*Hau ab in den Dschungel da draußen, lass Deine Muskeln spielen. Hol Dir Deinen Teil von der Straße!*

*Aber hast Du überhaupt eine Ahnung, wie hoch der Preis dafür ist? Welchen Preis? Was glaubst Du denn?*

*Das solltest Du mit 16 schon längst begriffen haben – oder?*

*Also, frag nicht so blöde, natürlich hat alles seinen Preis.*

*Abgesehen davon, dass Du auch zwischendurch auf die Fresse bekommst? Das man Dir die Zähne raushaut und Dir die Rippen bricht? Das man Dir ein Messer in den Wanst schiebt oder nen Wagenheber auf die Omme kloppt? Das man Dir ins Bein schießt und solange auf Dich eintritt bis Du Blut kotzt? Das man Dich erniedrigt, wenn Du unten liegst? Das Du nüchtern nie wirklich schlafen kannst?*

*Und das sind nur die Tageszinsen, die Du blechen musst, wenn Du Dein Leben auf Vorschuss lebst!*

*Überleg mal, was aus meinen Kumpels und mir geworden ist. Einige von uns sind pleite „De Luxe" gegangen … nicht mit der Kohle, sondern in die leibhaftige Insolvenz sozusagen. Sie sind einfach auf der Strecke geblieben.*

*Ein paar hat man umgelegt, andere haben ihrem Leben selbst ein Ende gesetzt. Fast jeder landete mal im Knast, davon drei lebenslänglich. Einige wurden Penner.*

*Nur wenige kamen aus dem Teufelskreis überhaupt heraus.*

*Kiek mich an.*

*Neben zig Krankenhausaufenthalten und ein paar Jahren Knast, bleibt ein Riesenhaufen Schulden übrig. Und Kurzer, ich meine einen Riesenhaufen! Glaubst Du, ich kann noch irgendwo Hausmeister oder etwas anderes werden?*

*Meine Familie musste in den 60ern den Wohnort verlassen, nachdem ich, gerade mal so alt wie Du jetzt, zum ersten Mal in den Bau gewandert war. Der Alltag war ein einziger Spießrutenlauf für sie geworden.*

*Meine Mutter, Deine Oma, wurde durch die Umstände Alkoholikerin und Deine Tante, meine Schwester, brach den Kontakt zu mir ab. Schulkameraden wollen bis heute nichts mehr von mir wissen.*

*Mir ist das vollkommen Latte, aber willst Du das?*

*Willst Du das Deiner Mutter antun? Willst Du das Dir antun? Für ein Leben, von dem Du nichts zurückbehältst außer Narben und Erinnerungen?*

*Nimm Dir kein Beispiel an mir. Ich bin weder Vorbild noch Held.*

*Frag mich nicht nach meiner Meinung, was Du tun sollst. Das musst Du alleine entscheiden. Hop oder Top.*

*Was hat es mir gebracht?*

*Freiheit ... ein unerklärbares Gefühl von Freiheit. Dinge getan zu haben, die man nicht darf, die man nicht tut. Alle Regeln, Vorschriften und Normen verletzen zu können, wenn ich es will. Und dieses Gefühl von Freiheit ist mir geblieben, es tun zu können, wenn ich will ... aber es nicht tun zu müssen.*

*Aber diese Freiheit ist auch Versuchung und Schwäche zugleich, immer alles anders machen ... zu müssen ... weil man sonst nichts hat ... weil man sonst nichts kann ...*

*Und noch etwas hat es gebracht.*

*Mich von Dingen lösen zu können. An nichts zu hängen, das man nicht innerhalb von 3 Minuten verlassen kann.*

*Und deshalb bin ich kein guter Ratgeber. Willst Du denn wirklich so werden? Willst Du nicht viel lieber erst einmal lernen zu fühlen und zu hoffen?*

*Wenn Du erst einmal kalt bist, wie eine Hundeschnauze, bleibt Dir zwar viel erspart, aber doppelt soviel verpasst Du auch. Versuche erst einmal Glück zu fühlen ... bevor Du darauf verzichtest.*

*Ob ich ein großer Gangster bin? Nein.*

*Eher ein krimineller Streuner. Aber das ist egal, wenn die Rechnung kommt. Wer am Tisch der Räuber sitzt, muss die Zeche mitbezahlen. Da kommst Du nicht drum herum!*

*Ob es richtig oder falsch, gut oder schlecht war – weiß ich nicht. Wer weiß schon was aus mir geworden wäre, wenn alles anders gelaufen wäre? Keiner weiß das.*

*Vielleicht ein korrupter Politiker, ein Miethai oder Finanzbetrüger, ein bestechlicher Beamter oder ein Geistlicher mit kleinen Jungs auf dem Schoß.*

*Oder aber ein Schichtarbeiter bei Siemens, ein Busfahrer, ein Maurer oder Versicherungsvertreter.*

*Es steht mir nicht zu, über irgendein fremdes Leben zu richten oder eine Kritik zu üben.*

*Dass muss jeder mit sich selbst abmachen.*

*Heute bin ich die Summe all dessen, was ich in meinem Leben erfahren habe. Ich wünsche mir, dass Du auf ein anderes Ergebnis kommst.*

*Ich habe meine Erfahrungen auf dieser Seite gemacht. Was dabei herausgekommen ist wissen wir.*

*Du musst nicht dieselben machen. So prickelnd ist das nicht hier drin.*

*Probiere Du es doch dort, wo ich es nicht geschafft habe und in dreißig Jahren vergleichen wir mal. Oke?*

*Grüße … Dein Dad*

*P. S. Ach so – Frohe Weihnachten" … und sag Deiner Mutter, ich habe alles in die Spur gebracht. Micha gibt Kredit und es klappt mit dem Laden.*

\*

# Drecksnest (Bad City)

Der Tag vergeht, die Sonne erlischt
Das Leben beginnt, im roten Licht
Es geht um Geld, es geht um Macht
Das Verbrechen regiert die Nacht

Glanz und Glamour und all die Pracht
Versprechen, Verlockung in der Nacht
Schnelles Geld und nacktes Ballett
Es bleibt was es ist, Russisch Roulett

Leben und sterben, auf dem Asphalt
Zocken und huren im stählernen Wald
Erpressen und rauben mit kalten Gesicht
Verrecken in der Gosse am weißen Gift

Bad City, Bad City, Ort ohne Gnade
Hart und kalt, hinter der Fassade
Bad City, Bad City, du gibst kein Rabatt
Ich liebe dich, du bist meine Stadt

# Lothar Berg (A – Z)
## Ohne Garantie auf Vollständigkeit

| | | |
|---|---|---|
| Abendschüler | Hausmeister | Räuber |
| Abfallesser | Held | Raucher |
| Abgestochener | Helfender | Rechthaber |
| Abstinenzler | Hemmungsloser | Regisseur |
| Angeber | Humorvoller | Reicher |
| Anspruchvoller | Hungernder | Restetrinker |
| Antwortsuchender | Hurenehemann | Rocker |
| Arbeiter | Initiator | Ruheloser |
| Armer | Jugendprojektist | Rummelarbeiter |
| Aufopfernder | Kind | Säufer |
| Autofahrer | Kleinkind | Schlachthofarbeiter |
| Autor | Kolonnenführer | Schläger |
| Baggerfahrer | Kraftraubender | Schönheitsfanatiker |
| Bauarbeiter | Krimineller | Schuldeneintreiber |
| Betrüger | Künstler | Schüler |
| Bewaffneter | Kurierfahrer | Sieger |
| Boss | Lachender | Sohn |
| Brennholzhändler | Lauter | Sportler |
| Bruder | Lesender | Sterbender |
| Brutaler | Liebender | Stolzer |
| Choleriker | Liebhaber | Streuner |
| Dachdecker | Loyalist | Suchender |
| Dieb | Mensch | Tierliebender |
| Diskussionsfreudiger | Motorradfahrer | Tramp |
| Ehemann | Mutiger | Trauriger |
| Einbrecher | Mutloser | Treuer |
| Einsamer | Nachtschwärmer | Trucker |
| Entsorgungs-fachunternehmer | Naturliebhaber | Türsteher |
| Extremarbeiter | Neugeborener | Unterstützer |
| Flohmarkthändler | Nichtraucher | Unruhiger |
| Flüchtling | Obdachloser | Vater |

| Freund | Onkel | Verantwortungsloser |
|---|---|---|
| Fuhrunternehmer | Partygänger | Verbrecher |
| Gebender | Penner | Verbindlicher |
| Gerüstbauer | Perfektionist | Verfolgter |
| Geschiedener | Pornoschreiber | Verletzter |
| Gläubiger | Prahler | Verlierer |
| Glücklicher | Proll | Verschuldeter |
| Großzügiger | Psychopath | Vertrauter |
| Gründer | Pubertierender | Zufriedener |
| Handlanger | Rabenvater | Zuhälter |
| Häftling | Rastloser | Zuhörer |
| Hassender | Ratgeber | Zyniker |

(Heute, mit 59 Jahren, bin ich die Summe all dieser Dinge)